RICHARD A. D'AVENI

SUPERANDO AS ARMADILHAS DA COMODITIZAÇÃO

Como maximizar sua posição competitiva e aumentar seu poder de ditar os preços

Tradução: Beth Honorato

www.dvseditora.com.br
São Paulo, 2012

SUPERANDO AS ARMADILHAS DA COMODITIZAÇÃO
Como maximizar sua posição competitiva e aumentar seu poder de ditar os preços

DVS Editora 2012 - Todos os direitos para a território brasileiro reservados pela editora.

BEATING THE COMMODITY TRAP
How to maximize your competitive position and increase your pricing power

Original Work Copyright © 2010 Harvard Business School Publishing Corporation
Published by arrangement with Harvard Business Press

Nenhuma parte deste livro poderá ser reproduzida, armazenada em sistema de recuperação, ou transmitida por qualquer meio, seja na forma eletrônica, mecânica, fotocopiada, gravada ou qualquer outra, sem a autorização por escrito do autor.

Capa: Spazio Publicidade de Propaganda
Diagramação: Konsept Design & Projetos

```
Dados  Internacionais  de  Catalogação na  Publicação  (CIP)
       (Câmara  Brasileira  do  Livro,  SP,  Brasil)

       D`Aveni, Richard A.
          Superando as armadilhas da comoditização : como
       maximizar sua posição competitiva e aumentar
       seu poder de ditar os preços / Richard A.
       D`Aveni ; tradução Beth Honorato. -- São Paulo :
       DVS Editora, 2012.

          Título original: Beating the commodity trap.
          ISBN 978-85-88329-63-8


          1. Competição 2. Consumo (Economia)
       3. Planejamento estratégico 4. Produtos comerciais
       I. Título.


12-02563                              CDD-658.802

          Índices para catálogo sistemático:

       1. Marketing estratégico : Administração de
             empresas    658.802
```

RICHARD A. D'AVENI

SUPERANDO AS ARMADILHAS DA COMODITIZAÇÃO

Como maximizar sua posição competitiva e aumentar seu poder de ditar os preços

Tradução: Beth Honorato

www.dvseditora.com.br

À minha mulher, Veronika: o encanto de sua alma, a elegância de seus gestos, a sagacidade de sua mente e a bondade em seu coração me convenceram, contra todas as probabilidades, de que existe perfeição neste mundo. Obrigado por me inspirar.

SUMÁRIO

Prefácio   *ix*

1   As três armadilhas da comoditização   **1**
Do diamante ao vidro

2   A armadilha da deterioração   **19**
Como controlar o poder de mercado para superar os concorrentes inferiores

3   A armadilha da proliferação   **43**
Como controlar várias ameaças à sua posição competitiva

4   A armadilha da escalada   **73**
Como controlar o ímpeto de escalada daqueles que ostentam superioridade

5   O diamante sem lapidação   **103**
Como continuar buscando sua melhor posição competitiva

Apêndice: Dicas para realizar a análise de custo-benefício   *115*

Notas   *137*

Agradecimentos   *143*

Índice remissivo   *149*

Sobre o autor   *177*

PREFÁCIO

O que as *maisons* de alta-costura, os sofisticados restaurantes nova-iorquinos e a Harley Davidson têm em comum? **Comoditização progressiva**. Todos eles lutaram ou estão lutando contra a comoditização. Seja em virtude de um novo concorrente com custos baixos (como a loja de roupas e acessórios Zara), por uma recente inovação no produto (melhorar a experiência do cliente nos restaurantes) ou pelo lançamento de vários substitutos ou imitações (como a Honda, Suzuki, Victory e Big Dog), a guerra de preços sempre tem um alto preço — e algumas vezes chega a ser fatal. É claro que a comoditização não ocorre apenas com as *commodities*.

Meu interesse pela comoditização remonta a 1994, com o meu livro *Hypercompetition* (*Hipercompetição*). Alguns indivíduos foram bastante gentis em dizer que esse livro mudou a mentalidade das pessoas a respeito de estratégia. A principal ideia era na verdade um novo paradigma, que estava fundamentado em uma única questão: as vantagens competitivas estavam se tornando insustentáveis em decorrência da globalização e das rupturas tecnológicas. Isso foi em meados da década de 1990. Desde essa época presenciei e ajudei várias empresas a enfrentar guerras de preços e concorrentes tão ferozes e impetuosos que as deixavam com uma pergunta no ar sobre se conseguiriam sobreviver, quem dirá prosperar. Foram essas experiências que me impeliram a escrever este livro.

Parece que a **hipercompetição** é mais importante hoje do que na época em que apresentei o conceito pela primeira vez. A hipercompetição nunca foi tão intensa para tantas empresas quanto hoje! O objetivo do livro *Superando as Armadilhas da Comoditização* é ajudar essas empresas a compreender e lidar

Prefácio

com essas pressões. Meu argumento básico é que várias empresas estão padecendo de uma forma particularmente virulenta de hipercompetição, que eu chamo de **armadilha das *commodities***. Isso pode destruir mercados inteiros, abalar setores inteiros e levar empresas antes promissoras a baixar as portas.

Para começo de conversa, como uma empresa é pega por uma armadilha da comoditização? Embora seja tentador atribuir a culpa aos fabricantes de baixo custo da China ou a algum outro fator externo, a maiorias das armadilhas da comoditização está relacionada, em grande medida, à postura ou então à falta de atitude dos gestores. De acordo com minha experiência, a comoditização normalmente é provocada pela incapacidade de agir a tempo. Os gestores não percebem uma comoditização iminente ou então deixam de reagir oportunamente. Aliás, pelo fato de inúmeros altos executivos serem levados a se concentrar na concretização de metas de curto prazo, eles ignoram as tendências de longo prazo. Por exemplo, ameaças ou o princípio da comoditização.

Por que isso ocorre? Mesmo quando a alta administração está familiarizada com algumas das técnicas que analisarei neste livro, ela se sente pouco confortável para utilizá-las ou então não tem habilidade nem experiência para saber em que momento deve empregá-las. Portanto, em geral, ela diminui continuamente o preço de seus produtos ou serviços, para lutar contra concorrentes inferiores (*low-end*). A consequência disso é inoportuna e inesperada, pois aumenta a profundidade e a gravidade da armadilha da comoditização. Quando já estão no buraco, os executivos com frequência agarram a pá mais ao alcance das mãos e continuam cavando.

Contudo, o fato de uma empresa cair em uma armadilha da comoditização não é culpa apenas dos diretores executivos nem da diretoria. Na verdade, não há dúvida de que a comoditização é um problema cada vez mais importante para todos os diretores e gestores, incluindo os gerentes de marca, os *designers* de produto e os projetistas. Uma nova forma de reconhecer e reagir à ameaça da comoditização é, desse modo, indispensável.

E esse, em suma, é o objetivo de *Superando as Armadilhas da Comoditização*, que empresta uma linguagem para as empresas identificarem e discutirem os problemas que elas enfrentam e um esquema para demarcar o que a maioria dos diretores e gerentes nega ou o que muitos ignoram. A realidade é que a comoditização raramente ocorre de maneira fortuita. Geralmente, ela ocorre quando os dirigentes deixam de inovar, lançam produtos ruins ou se recusam a aceitar tendências já em vigor. Dali a pouco, as empresas caem na armadilha, e os dilemas decorrentes impossibilitam que elas escapem. As armadilhas da comoditização podem ser armadas pelas próprias empresas ou por seus concorrentes.

COMODITIZAÇÃO: COMO AGIR?

Diz a sabedoria convencional que a comoditização pode ser combatida com a **diminuição dos custos** e da **produção** (para não sacrificar as margens de lucro) ou a **diferenciação contínua** (para estar sempre à frente e acima). Entretanto, existem poucas evidências de que esses fatores criem uma vantagem sustentável a longo prazo. Na realidade, isso pode tornar a armadilha ainda pior, aprisionando as empresas em ciclos infindáveis de hipercompetição. A maioria dos gestores não sabe identificar as causas básicas da comoditização. Por isso, são incapazes de evitá-la, eliminá-la ou, em alguns casos, até mesmo usar essas causas em seu próprio benefício.

Ao longo da última década, desenvolvi um esquema para ajudar as empresas a compreender melhor a dinâmica do posicionamento do binômio custo-benefício do produto e a aguçar suas próprias estratégias para lidar com a comoditização progressiva. O esquema que apresenta as três armadilhas da comoditização não é apenas uma teoria engenhosa passada em sala de aula — embora eu o tenha apresentado e discutido nas aulas que ministro. Esse esquema apresenta três estratégias de eficácia comprovada em empresas que se meteram em guerras terríveis de preços e proliferação.

Para que as empresas tenham sucesso a longo prazo, elas devem controlar a comoditização interferindo no ímpeto, nas ameaças e no poder de mercado ostentados pelos concorrentes que estão impondo diferentes processos de comoditização. Quando as empresas ganham maior poder sobre os preços reais, elas na verdade conseguem superar a armadilha de comoditização, e não apenas ganhar maior agilidade para lidar com ela.

Porém, para proceder desse modo, primeiramente as empresas precisam entender o que criou a armadilha com a qual estão lidando.

IDENTIFICANDO AS ARMADILHAS DA COMODITIZAÇÃO

Valendo-se de um estudo minucioso sobre mais de trinta setores, este livro revela os três padrões mais comuns responsáveis pelo surgimento das armadilhas da comoditização: **deterioração**, **proliferação** e **escalada**.

- **Deterioração.** As empresas inferiores ou menos sofisticadas (*low-end*) entram com produtos de baixo custo-pequeno benefício que atraem o mercado de massa — como a Zara fez com as sofisticadas *maisons* de alta-costura na Europa.

- **Proliferação.** As empresas desenvolvem novas combinações de preços correlacionadas com vários benefícios exclusivos para se investirem em parte do **mercado de empresas** já estabelecidas — tal como os fabricantes de motocicletas japoneses e americanos fizeram com a Harley-Davidson.

- **Escalada.** Os concorrentes oferecem mais benefícios pelo mesmo preço ou por um preço inferior, comprimindo as margens de lucro de todos os outros — como a Apple fez com sua série de *iPods*.

A análise do padrão de comoditização iminente e a linguagem da deterioração, proliferação e escalada podem ser um bom ponto de partida — a centelha que reacende um debate imprescindível.

Este livro apresenta um mecanismo para diagnosticar o padrão de comoditização e sua posição competitiva e mostra de que forma você pode melhorá-la. Esse mecanismo ajuda as empresas a aumentar seu poder atribuir preços destruindo a armadilha de comoditização, escapando dela ou, de outro modo, usando-a em seu benefício. Proponho estratégias direcionadas — além da redução de custo ou da diferenciação contínua —, estratégias essas empregadas pelas empresas para lidar promissoramente com esses dilemas. Por meio de inúmeros exemplos, este livro conciso e prático lhe oferece o sistema e as táticas necessárias para combater a comoditização.

Em cada uma das três armadilhas, você obterá informações para:

1. Identificar a armadilha e analisar se ela é a causa da comoditização em seu mercado.

2. Reconhecer a armadilha antes que ela prejudique sua empresa.

3. Escapar da armadilha.

4. Destruir a armadilha.

5. Usar a armadilha em seu benefício.

6. Escolher a estratégia correta para a sua situação.

COMO REFREAR SUA ARMADILHA

O que eu posso dizer com certeza é que o sistema e as técnicas apresentados neste livro são consagrados. Eles foram desenvolvidos e testados em situações concretas. A análise que faço sobre as empresas e suas estratégias e sobre os erros que elas cometem é franca e algumas vezes crítica, mas está fundamentada em fatos e em dados concretos, e não em opiniões e discussões acaloradas.

Alguns dos exemplos que utilizo são comuns. Não me desculpo por isso. Às vezes é muito fácil indicar como modelo de melhores práticas empresas novas e inovadoras. Esse retrato a princípio pode impressionar, mas se nos adiantarmos alguns anos no tempo veremos que esse quadro tende a mudar. Preferi usar, intencionalmente, uma perspectiva de mais longo prazo — na medida em que estou defendendo estratégias de longo prazo, faz sentido adotar uma perspectiva longitudinal. O objetivo da pesquisa que empreendo é investigar o que ocorreu com uma determinada empresa ao longo do tempo. Tentei levar em conta não apenas o impacto imediato de uma estratégia, mas o que ocorre em seguida. E o que ocorre depois disso.

Se precisássemos de algo para nos lembrar do quanto esse quadro pode mudar, não precisaríamos ir muito longe. Acontecimentos recentes nos oferecem inúmeros lembretes. No momento em que finalizava este livro, o mundo dos negócios estava sendo sacudido por várias mudanças de grande impacto. Da elevação dos preços do petróleo (que depois recuaram) ao socorro financeiro aos bancos, o distúrbio financeiro foi imenso. Neste exato momento, os Estados Unidos da América (EUA) estão oficialmente em recessão.

O que tudo isso significa para as empresas que foram pegas em uma armadilha da comoditização? A resposta básica, obviamente, é que torna este livro mais pertinente e as estratégias aqui descritas mais prementes do que nunca. A recessão cria um tipo particularmente pernicioso de armadilha — a **evaporação** —, que ocorre quando há uma diminuição é considerável na demanda. A evaporação diminui a proliferação quando as empresas não dão conta de gerar ou desenvolver produtos diferenciados. Contudo, ela estimula a deterioração e escalada — visto que o excesso de oferta faz os preços despencarem. Em situação de recessão, os clientes ficam bem mais sensíveis ao preço e podem postergar suas compras porque supõem que os preços diminuirão. Se a evaporação da demanda fugir ao controle, as empresas provavelmente serão empurradas para um ciclo destrutivo de corte de custos, e o sofrimento será concomitante. Diante disso, a maioria dos mercados abandona a escalada e simplesmente deteriora. É bem melhor agir com antecedência para identificar e combater o que está provocando a armadilha da comoditização.

Porém, as recessões não duram para sempre, e a comoditização já era corrosiva e se alastrava antes de a recessão começar. Portanto, este livro não se destina apenas às empresas que estão enfrentando recessão. Meu objetivo é compartilhar os resultados deste empreendimento, que já dura uma década, para ajudar diretores e gestores a evitar ou escapar da armadilha que estiverem enfrentando, tanto em tempos bons quanto ruins. Espero que este livro lhe ofereça um método e estratégias para combater a comoditização reconhecendo as ameaças à posição competitiva de sua empresa e as oportunidades de criar um novo posicionamento. Munido dessas visões e constatações, você poderá demarcar uma estratégia eficaz para superar as armadilhas da comoditização.

— **Richard A. D'Aveni**
Hanover, New Hampshire
Agosto de 2009

CAPÍTULO 1

As três armadilhas da comoditização
Do diamante ao vidro

"Comoditização" é uma palavra **repulsiva** — e muitas vezes uma realidade igualmente repulsiva — para empresas do mundo inteiro. De Wuhan a Washington, de Hannover, na Alemanha, a Hanover, em New Hampshire, a comoditização é um fato comum e cruel no mundo dos negócios do século XXI. A comoditização, equivalente da peste negra no mundo corporativo, está açoitando praticamente todas as empresas de uma ou de outra forma. Em quase todos os setores, os gestores estão ficando atordoados com o incrível potencial econômico que a Índia e a China vêm manifestando, e a tecnologia continua dando grandes saltos adiante. As escalas de tempo estão encolhendo e o relógio da comoditização está correndo.

"Tudo se transforma em *commodity* com o passar do tempo. As pontas e arestas da diferença são desgastadas pela concorrência. As facetas dos diamantes se desgastam com o uso e acabamos ficando com um pedaço de vidro. É fácil imitar, mas é difícil inovar", disse-me Steve Heyer, ex-diretor executivo da cadeia hoteleira Starwood Hotels & Resorts Worldwide e ex-diretor de operações da Coca-Cola.[1] Ele tem razão. Em algum momento, tudo acaba se tornando uma *commodity*. O objeto de estudo deste livro é justamente investigar uma forma segura para que você saia do cadinho da comoditização com diamantes.

O dicionário *Merriam-Webster Online* dá a seguinte definição para a palavra *commoditization*: "fornecer (um produto ou serviço) amplamente acessível, que

2

SUPERANDO AS ARMADILHAS DA COMODITIZAÇÃO

possa ser substituído por um (produto ou serviço) fornecido por outra empresa". A comoditização ocorre quando é necessário aprimorar constantemente a qualidade ou outros benefícios do produto e, ao mesmo tempo, baixar os preços para acompanhar os concorrentes. Ela também ocorre se houver necessidade de diminuir a qualidade ou outros benefícios do produto para acompanhar a queda de preços. Esse problema agrava quando a empresa fica presa entre os custos crescentes dos insumos (como energia, metais e outras matérias-primas) e a perda de poder para atribuir preços a seus produtos. Os custos aumentam, mas a empresa não pode simplesmente repassá-los para os clientes sem, com isso, prejudicar-se. E a comoditização ocorre quando a demanda evapora, disparando uma sucessão de guerras de preços. **Isso lhe parece familiar?**

Se **sim**, você não está sozinho. O impacto da comoditização pode ser visto em setores tão diversos quanto o de bens de consumo embalados e de produtos eletrônicos de grande saída. Imagine varejistas como o Wal-Mart e a Tesco, que passaram a vender produtos com marca própria em seus supermercados, comprimindo as margens de lucro das grandes marcas e obrigando as empresas, até mesmo gigantes como a Unilever e Procter & Gamble, a repensar suas estratégias. Pense no impacto que a Dell certa vez provocou sobre os preços no mercado de computadores pessoais. E agora, como não poderia deixar de ser, a própria Dell enfrenta maior comoditização à medida que os fabricantes de baixo custo, fora dos EUA, invadem seu mercado.

Além disso, algumas vezes o impacto da comoditização em uma determinada parte do mercado pode reverberar sobre um setor inteiro. Esse é o caso da Zara, rede de varejo espanhola de roupas e acessórios, que está abalando diretamente tanto o segmento de baixa renda quanto o de alta renda nos mercados da moda, com efeitos cascata que chegam a forçar mudanças até mesmo na ala mais sofisticada do mercado.

As marcas próprias, o efeito Dell e a **"zaraficação"** são exemplos do que eu chamo de **armadilha das *commodities*** — situação na qual a empresa vê sua posição competitiva ser corroída, a ponto de não conseguir mais impor um preço especial ou elevado em seu próprio mercado. Em uma das armadilhas da comoditização, os consumidores recebem mais benefícios em relação ao preço que pagam por um produto ou então pagam preços mais baixos para obter benefícios equivalentes ou inferiores. Como consequência disso, as empresas acabam percebendo que podem manter seus preços se perderem participação de mercado ou que só podem manter sua participação de mercado se abaixarem os preços. Em ambos os casos, elas perdem seu poder de atribuir preços. As margens de lucro se comprimem quer os custos dos insumos aumentem quer se mantenham estáveis. Com o passar do tempo, o produto ou serviço da empresa torna-se indistinguível em relação ao das demais empresas no mercado e os consumidores compram apenas com base no preço — desse modo, um produto antes inigualável transforma-se em uma *commodity*.

As três armadilhas da comoditização

É claro que a esta altura as histórias da Dell, Zara e Wal-Mart já são lugar-comum. Mas essa vulgarização é motivo de preocupação. Mas caso você ainda tenha alguma ilusão, sejamos francos: a comoditização pode ocorrer para qualquer empresa, com qualquer produto e a qualquer momento. E mesmo que você não veja semelhanças entre você e exemplos mais óbvios, isso não quer dizer que esteja a salvo — porque nem todos os processos de comoditização são parecidos.

HARLEY-DAVIDSON: A COMODITIZAÇÃO DE UM PRODUTO CLÁSSICO

Se você ainda não se convenceu, pense no caso da Harley-Davidson. Esse produto supremo, icônico e de preço elevado com certeza desafia a comoditização. Em um mundo em que os produtos normalmente se transformam em vidro, a Harley nunca deixou de ser um diamante comercializável. Pelo menos é isso o que você deve estar pensando. Porém, vamos cavar mais fundo e tentar entender esse clássico exemplo corporativo com relação à comoditização.

Crème de la crème

Embora cultuada como ídolo, a Harley-Davidson não sobreviveu a vários ciclos de concorrência acirrada de custo-benefício. Na estrada que deveria ter sido longa e retilínea havia algumas depressões escondidas — e foi aí que a comoditização ficou à espreita, camuflada na pele de concorrentes japoneses com preços mais baixos, como a Honda, ou na pele de arrivistas atraentes no outro extremo do mercado, como a Big Dog.

Fundada em 1903, a Harley-Davidson foi a empresa que demarcou o setor de motocicletas nos EUA. Entretanto, na década de 1970, ela enfrentou sua primeira grande armadilha de comoditização. A empresa foi solapada pela reputação de baixa qualidade, falta de inovação e péssimo atendimento ao cliente. Concorrentes japoneses como Honda, Suzuki e Yamaha tiraram proveito dessa falha para oferecer motocicletas mais confiáveis a preços mais baixos.

Como esses concorrentes ofereciam mais benefícios a preços mais baixos, a consequência era previsível, se não inevitável. Apesar desse *status* lendário, a participação de mercado da Harley diminuiu de 39% para 23% entre 1979 e 1983. A Harley-Davidson foi verdadeiramente pega em uma armadilha da comoditização. O problema que os altos executivos da empresa enfrentaram foi tentar saber o que fazer em relação a isso. A empresa poderia cortar os preços para manter sua participação de mercado ou manter seus preços e perder participação. Mas nenhuma dessas medidas conseguiria devolver sua saúde financeira, em vista de sua estrutura de custos fixos. E ambas não fariam outra coisa senão intensificar a concorrência de custo benefício do produto.

O caminho de volta

O futuro da Harley parecia muito sombrio. Contudo, depois da compra alavancada por um grupo de gestores da empresa em 1981, a direção da Harley fez a empresa dar meia-volta. A saída da armadilha era rever os benefícios oferecidos aos clientes. Mantendo sua vantagem tradicional, isto é, a potência do motor, a empresa passou a enfatizar outro valioso benefício secundário de seus produtos: um conceito de marca fundamentado em sua imagem de **"rebeldia"** e em seu *status* icônico. Isso fez com que a vantagem dos concorrentes japoneses — a confiabilidade e a segurança — se tornasse um fator menos importante no momento da compra e de avaliação das motocicletas. Os rebeldes estão mais preocupados com modelos comportamentais do que com confiabilidade e segurança.

Primordial para essa virada foi a criação do Grupo de Proprietários de Harley-Davidson (Harley Owners Group — HOG) em 1983. O HOG tornou-se o maior clube de motociclistas do mundo patrocinado pela própria fábrica e hoje tem mais de um milhão de afiliados no mundo inteiro. Esse grupo ajudou a Harley a vender roupas e peças colecionáveis da marca, estimulando ainda mais o estilo de vida Harley e a imagem de **"garoto malvado"**. Se você não tivesse cacife para comprar uma Harley, podia simplesmente comprar uma jaqueta Harley ou um emblema da marca. A empresa voltou a rugir no final da década de 1980. Em 2003, seu centésimo aniversário, a empresa anunciou um recorde de receitas de 4,6 bilhões de dólares, um salto de 13% em relação ao ano anterior.[2] A Harley estava de volta à estrada, e a comoditização, ao que parecia, era uma mancha de óleo vista através do espelho retrovisor.

FIGURA 1.1
A Harley-Davidson na autoestrada

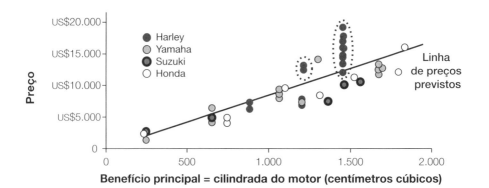

Examine o gráfico de custo-benefício, extremamente básico, na Figura 1.1.[3] Segundo minha análise, em 2002 os clientes *hog wild*, **fanáticos por motocicleta**, estavam dispostos a pagar uma média de 38% a mais por uma motocicleta Harley-Davidson, em lugar de uma moto equipada de maneira semelhante de uma das quatro grandes empresas japonesas (Honda, Yamaha, Kawasaki e Suzuki) — não obstante o fato de os modelos japoneses oferecerem uma potência de 8% a 12% maior pelo mesmo preço, de acordo com a cilindrada do motor. Os clientes da Harley estavam dispostos a pagar um terço a mais por um décimo **a menos** de potência. Na realidade, a imagem da Harley era tão persuasiva que se tornou a marca dominante de motocicletas de alta cilindrada até mesmo **no Japão**.
O sentimento de triunfo era compreensível. A virada da Harley mostra como uma empresa pode (pelo menos a princípio) contra-atacar promissoramente a comoditização diferenciando seus produtos.

Problemas no paraíso dos hogs

Mas essa é apenas parte da história. Outra armadilha da comoditização avultou: o *big hog* estava prestes a conhecer o Big Dog.

Enquanto a Harley comemorava sua vitória sobre os concorrentes japoneses, duas novas marcas de motocicleta norte-americanas estavam abalando sua marca no setor: a Victory (da fabricante de veículos para neve Polaris Industries) e a Big Dog. Por volta de 2004, quando ainda não era evidente que a Harley estava perdendo domínio sobre o mercado, uma análise aprofundada demonstrou que a marca Harley não era mais considerada automaticamente a melhor moto. Em 2004, eu e meus pesquisadores avaliamos a vantagem da marca Harley em comparação com outras empresas. Para isso, calculamos até que ponto os preços da Harley eram superiores aos preços de motos com cilindrada, acessórios e componentes semelhantes.

Nossa análise de custo-benefício no mercado, correspondente a 2004, revelou que a Harley estava prestes a enfrentar dificuldades com relação ao seu posicionamento nesse aspecto.[4] Constatamos que a empresa não estava obtendo um preço especial sobre seus novos concorrentes nos EUA. Na verdade, as motocicletas altamente personalizadas da Victory e da Big Dog estavam auferindo um preço especial 41% superior **ao** da Harley-Davidson por componentes, acessórios e motor idênticos.

Do ponto de vista estratégico, isso levava a crer que a marca Harley-Davidson ainda era suficientemente forte para manter os fabricantes japoneses acuados, mas estava em desvantagem com respeito aos concorrentes norte-americanos. Ambos os concorrentes ainda eram razoavelmente pequenos em termos de volume

6
SUPERANDO AS ARMADILHAS DA COMODITIZAÇÃO

de vendas. A Big Dog, por exemplo, fabricou apenas 25 mil motocicletas desde sua criação em 1994 a 2009 (enquanto a Harley normalmente fabricava mais de 300 mil motocicletas por ano). Contudo, a ameaça dos fabricantes genuinamente norte-americanos já estava dando as caras em 2004, e hoje é uma realidade. Com o passar do tempo, a Big Dog tornou-se a maior fabricante do mundo de motocicletas personalizadas. E a Harley se viu na defensiva em relação tanto aos concorrentes japoneses de preço mais baixo quanto aos fabricantes americanos com preço elevado.

Vejamos essa situação mais de perto. A Harley estava perdendo dinheiro em comparação com seus concorrentes norte-americanos porque seus serviços, o nível de personalização oferecido e sua imagem não eram tão bons quanto. A imagem do "cara viril e malvado" que a marca Harley passava não atraía os clientes da gerações X e Y — e também as mulheres. Em 2007, as mulheres norte-americanas eram o segmento de mais rápido crescimento no mercado norte-americano de motocicletas. Mais de 100 mil motos eram compradas ao ano nesse segmento.[5] De acordo com o Motorcycle Industry Council, atualmente o número de mulheres motociclistas corresponde a mais de 12% de todos os motociclistas, um salto de 29% desde 2003.[6]

Embora as mulheres respondessem por 12% das vendas das Harley, gastando em torno de 300 milhões de dólares, sem contar roupas e outros acessórios, a empresa ficou para trás de concorrentes como a Kawasaki e a Suzuki nesse segmento de rápido crescimento, em parte porque esses fabricantes japoneses ofereciam motos menores e menos intimidadoras. Por esse motivo, a Harley estava sendo pega por uma armadilha armada pelos produtos que proliferavam e circundavam seu principal mercado.

Para os consumidores tanto da geração X quanto da Y, a Harley era uma moto da geração de seus pais — imagine a GM (General Motors) e o Oldsmobile. O motociclista típico da Harley é um homem casado, na casa dos 40, com renda de 84,3 mil dólares ao ano.[7] Um artigo publicado no periódico *Marketing Trends* ressaltou que na opinião de alguns analistas a Harley havia "perdido a calma" e que concorrentes como a Big Dog haviam vestido a jaqueta de couro do reino da calma.[8] Os novos concorrentes exploraram o desejo de uma nova imagem — "Nova Moto Americana" ("New American Bike") —, em contraposição à tradicional jaqueta de couro para autoestrada Hell's Angel (Anjos do Inferno) e à tradicional imagem das viseiras da Harley propagadas pelo filme *Easy Rider*. Os produtos altamente personalizados da Victory e da Big Dog prevaleciam sobre a imagem de rebeldia da Harley-Davidson porque elas estavam mudando a imagem do motociclismo de um ato de **virilidade/machismo** para uma imagem de **individualismo** e **autoexpressão**.

A derrapagem das *commodities*

Especialistas do setor ficaram perplexos quando apresentei esses resultados, que indicavam que a Harley estava prestes a cair em outra armadilha de *commodity* em 2004. Eles não concordaram e sustentaram que a Harley permaneceria dominante.

A confirmação mais imediata dessa predominância são os dados sobre participação de mercado. Obviamente, a participação de mercado atual de qualquer empresa não é um previsor de sua capacidade de cobrar preços elevados (leve em conta novamente a GM). Na realidade, na mesma época em que esses especialistas rejeitaram meu ponto de vista sobre seu mercado, os revendedores da Harley estavam praticando descontos extensivamente para manter as vendas em alta. Mais importante do que isso, essa análise deu o primeiro alerta de queda de preços das ações da Harley em 2005 e ofereceu dados concretos sobre essa armadilha progressiva, indicando a necessidade de proteger, modificar e renovar a imagem da marca.

Visto que esses especialistas estavam usando uma análise estratégica tradicional, como a avaliação de participação de mercado, a ameaça simplesmente não estava evidente. A Harley ainda tinha a maior participação de mercado (um pouco abaixo de 50%), mas o fato de seus revendedores estarem oferecendo descontos para manter vendas ascendentes camuflou o problema. Eles estavam, basicamente, comprando participação de mercado com preços mais baixos.

Contudo, só em 2006 — dois anos completos depois que minha análise identificou o problema — a empresa reagiu, introduzindo uma série de iniciativas para reforçar sua estratégia e atrair novos clientes. Mais especificamente, a Harley esperava que a marca Buell atraísse os motociclistas mais jovens e as mulheres.

O fato é que a Buell ainda não provocou diferenças significativas no desempenho financeiro da Harley. Na verdade, embora o preço das ações da Harley tenha subido em meados de 2007 (apenas em virtude dos rumores que alardeavam que a empresa poderia ser adquirida pela Honda), ele caiu novamente depois que os revendedores revelaram que o volume de vendas seria inferior ao previsto. A Harley fabricou 303 mil motos em 2008, comparativamente às 331 mil em 2007. (Neste exato momento, prevê-se um volume de vendas de 264 mil e 273 mil para 2009.)

Entretanto, não estou dizendo que sou um visionário de mão cheia. Mas por meio da análise de custo-benefício do produto consegui distinguir os sinais de comoditização progressiva. Pense um pouco. Onde a Harley estaria neste momento se tivesse agido dois anos antes? Pense sobre sua empresa. Você sabe o que está ocorrendo em seu mercado? Tem certeza? As tendências que você está observando devem-se apenas a uma recessão ou a comoditização se tornará uma realidade mesmo em caso de uma inevitável recuperação?

POR QUE A DIFERENCIAÇÃO NÃO É SUFICIENTE

Se a comoditização progressiva pode ocorrer às *maisons* de alta-costura, ela pode ocorrer também com sua empresa. Experiências comprovam que a diferenciação não é suficiente. Não demora muito tempo para que todo o mundo esteja usando os mesmos balangandãs. Que utilidade tem uma nova coleção de moda se ela pode ser copiada rapidamente pela Zara, por um preço inferior?

A experiência da Harley é ainda mais punitiva porque a empresa parecia ter escapado da armadilha. Ao enfrentar a imitação e a proliferação dos concorrentes japoneses e americanos — os fabricantes japoneses até tentaram imitar o ruído inconfundível de **"trovão ressonante"*** da Harley —, a Harley encontrou soluções para se diferenciar dos demais concentrando-se na imagem da marca. Sua estratégia a princípio teve êxito, mas a fuga da comoditização é um processo de controle contínuo da equação de custo-benefício. Embora a Harley tenha conseguido se diferenciar de seus concorrentes japoneses, ela enfrentou a concorrência dos rivais norte-americanos que ofereciam benefícios diferentes a preços mais altos promovendo mudanças na base de consumidores. Agora, a Harley está presa entre as motos japonesas com preços mais baixos e as motos norte-americanas personalizadas com preços mais altos. Não é uma posição desejável a longo prazo, especialmente se a demanda continuar evaporando.

O fato é que as vantagens fundamentadas nos produtos estão se tornando limitadas e efêmeras. Por isso, fica mais difícil praticar um preço elevado na maioria dos mercados. Quase todos os gestores com os quais conversei estão recorrendo à diferenciação. Mas pouquíssimos acreditam que a diferenciação contínua seja a solução. Eles simplesmente não obtêm os resultados que esperam. **Por quê?** Porque todo o mundo está fazendo a mesma coisa. No final, eles acabam se sentindo como a Rainha de Copas de *Alice no País das Maravilhas*, que avisa: "Aqui você tem de correr cada vez mais depressa para não chegar absolutamente a lugar nenhum!". Os gestores estão acostumados a correr sem sair do lugar. Muitos chegam à conclusão de que, para empregar melhor a diferenciação contínua, precisam infundir na empresa uma mentalidade mais direcionada ao cliente. Entretanto, repetindo, **todo o mundo está fazendo a mesma coisa!**

Muitas pessoas veem a corrida pela diferenciação como aquela velha piada de dois amigos que se deparam com um urso na floresta. Um deles calça seu tênis de corrida. O outro diz que acha que não é possível correr mais rápido do que o urso. O primeiro responde: "Eu sei, mas eu só preciso correr mais rápido do que você!". Porém, a fuga da armadilha da comoditização não ocorre dessa maneira:

---

*   Em referência à moto Rolling Thunder (trovão ressonante) da Harley. (N. da T.)

diferentemente de uma simples disputa entre ligeiros, na comoditização o urso com frequência vence, batendo e pegando **ambos** os concorrentes. Do contrário, não vencem a corrida os ligeiros, mas a pessoa **que está correndo na direção correta.**** A diferenciação pode ser uma forma extremamente eficaz para mudar o posicionamento. Mas é apenas parte da solução para as armadilhas da comoditização. Para correr na direção correta, você precisa entender de que maneira a comoditização ocorre. Você deve estar apto a reconhecer as diferentes armadilhas e saber de que modo pode escapar delas. Isso significa que as empresas devem não somente diferenciar seus produtos, mas também usar a diferenciação para mudar a estrutura do setor em que atuam de tal forma que as diferentes armadilhas sejam avaliadas, atenuadas e eliminadas. O objetivo principal deste livro é identificar essas armadilhas e mostrar de que forma é possível escapar.

AS TRÊS ARMADILHAS DA COMODITIZAÇÃO

Em um ambiente de hipercompetitividade, a dinâmica da tática de custos-benefícios tornou-se mais intensa, rápida e significativa. Existem muitos ursos lá fora! O efeito Wal-Mart, a ascensão da China, a subcontratação e a terceirização em países de baixo custo, a recessão, a erosão da lealdade dos clientes, a descontinuidade das revoluções tecnológicas e outras forças implacáveis da hipercompetição estão corroendo e deslocando as posições de custo-benefício dos produtos em quase todos os mercados.[9] A propagação dos *softwares Seis Sigmas*, de administração da qualidade total (*total quality management* — TQM), de gerenciamento de relacionamento com o cliente (*customer relationship management* — CRM) e de gestão da cadeia de suprimentos (*supply chain management* — SCM) e as novas tecnologias de fabricação estão nivelando o campo de jogo internacional e extinguindo as vantagens de custo-benefício dos produtos.

Em um setor após outro, a confluência desses fatores está criando uma pressão inevitável — pode-se dizer irreversível — em direção à **comoditização**. Foi esse fenômeno que resolvi investigar com minha equipe de pesquisadores. Eu queria compreender: primeiro, os mecanismos de concorrência que levam os mercados a se comoditizar com o passar do tempo; segundo, como os procedimentos de comoditização de uma empresa afetam seus concorrentes; e por último — e mais essencialmente — se existem soluções para reverter ou evitar as forças da comoditização e escapar ou destruir as armadilhas da comoditização (consulte a Tabela 1.1).

** Em referência ao Capítulo 9, versículo 11, do Eclesiastes: "Voltei-me, e vi debaixo do sol que não é dos ligeiros a carreira, nem dos fortes a batalha, nem tampouco dos sábios o pão, nem tampouco dos prudentes as riquezas, nem tampouco dos entendidos o favor, mas que o tempo e a oportunidade ocorrem a todos." (N. da T.)

10
SUPERANDO AS ARMADILHAS DA COMODITIZAÇÃO

TABELA 1.1
Estrutura das três armadilhas da comoditização

	Deterioração	Proliferação	Escalada
	↓ Custo ↓ Benefícios para os clientes	↓↑ Custo ↓↑ Benefícios	↓ Custo ↑ Benefícios
Descrição As causas	**Capítulo 2:** Provocada por uma empresa que tem uma posição dominante de baixo custo/pouco benefício que abocanha a participação de mercado e atrapalha o posicionamento das empresas que estão ao seu redor.	**Capítulo 3:** Provocada por várias ameaças decorrentes de produtos substitutos, imitações, fragmentação de mercado e inovação por meio do desenvolvimento de novos produtos. Abre várias posições novas de custo-benefício, assediando e corroendo a primazia do produto da empresa.	**Capítulo 4:** Provocada quando a empresa oferece mais benefícios por um preço igual ou inferior. Os concorrentes utilizam táticas para oferecer um benefício maior para os clientes, impulsionando a concorrência para baixo, em direção à extremidade inferior direita do mapa de custo-benefício.
Dilemas Os desafios	Você não consegue escapar das armadilhas, mas se fugir delas precisará abandonar os segmentos em que você se sai melhor. Portanto, de qualquer forma, os lucros serão corroídos.	Você não consegue combater todos, em toda parte, a todo tempo. Mas se não fizer isso, você será picado até a morte por um enxame de abelhas.	A concorrência de custo-benefício pode custar caro, mas nenhuma empresa pode se dar ao luxo de ser a primeira a pestanejar e pôr fim ao jogo da ostentação de superioridade.

Eu e minha equipe nos ocupamos dessa investigação em mais de trinta setores — dos restaurantes ao varejo, dos relógios ao acompanhamento de noticiários pela televisão, da fotografia amadora aos materiais avançados, das turbinas aos pneus, dos automóveis aos adoçantes artificiais, dos dispositivos de reprodução de música às motocicletas e da fabricação de navios à fabricação de *chips*. Quantificamos, confirmamos e ampliamos as informações sobre os padrões de comoditização identificados nas consultorias e na pesquisa-ação que realizei.

Para entender de que forma as armadilhas da comoditização são armadas, fiz algumas perguntas básicas:

- **Quais são os padrões comuns da comoditização?**

- **A comoditização é um processo diferente para cada setor ou seria diferente até mesmo para cada empresa e setor?**

- Em seguida, procurei obter respostas com as seguintes perguntas:

As três armadilhas da comoditização

- **Quais são os movimentos da concorrência subjacente ou qual é o fluxo de preços e benefícios nesse setor e como isso está mudando a análise de custo-benefício?**

- **Tendo em vista esses padrões de comoditização, como as empresas podem encontrar uma saída.**

Utilizando essas perguntas, identifiquei os três padrões mais comuns que criaram as armadilhas de comoditização e descobri que a descida ao inferno das *commodities* não era nem inevitável nem incontestável. Identificando os dilemas que essas armadilhas apresentavam, consegui compreender as estratégias — além da diferenciação contínua — que as empresas empregaram para solucionar promissoramente esses dilemas.

Descobri que as armadilhas da comoditização ocorrem por três motivos principais:

- **Deterioração** – Primeiramente, verifiquei que inúmeros setores estão sofrendo com o surgimento de um concorrente inferior predominante, como a Zara, cujas imitações de produtos de grife provocaram a **"zaraficação"** do mercado de moda europeu. Esse tipo de comoditização ocorre quando uma empresa inferior oferece uma proposição de valor que é tão superior aos olhos dos clientes que as outras são deixadas para trás, comendo poeira. Normalmente, são produtos ou serviços de baixíssimo custo e pouquíssimos benefícios que atraem o mercado de massa, como a política de comercialização de "preços baixos todos os dias" do Wal-Mart. Nos EUA, nenhum fabricante correu atrás do segmento inferior do mercado de motocicletas. Entretanto, na Índia, as motocicletas de baixo preço e baixa cilindrada Bajaj durante décadas abocanharam grande fatia do mercado de veículos de duas rodas, do mesmo modo que a *Cub*, da Honda, no Japão. A emergência desse tipo de concorrente menos sofisticado — por exemplo, neste exato momento estamos diante do desenvolvimento iminente de um carro de um pouco mais de 2 mil dólares na Índia (o *Nano*, da Tata Motors) e de uma versão de 6 mil dólares nos EUA — apresenta um sério desafio às líderes nos setores de automóveis e motocicletas porque as empresas estabelecidas têm diferenças culturais, de estrutura de custos e de custo de mão de obra, e com frequência acham difícil concorrer por conta própria com o adversário. Isso provoca a **deterioração** tanto dos preços quanto dos benefícios.

- **Proliferação** – Em segundo lugar, descobri que está havendo uma **proliferação** de produtos em vários setores. O mercado de motocicletas é um bom exemplo. As empresas desenvolveram novas proposições de valor — novas combinações de preço e vários benefícios exclusivos — que combatem parte do mercado de uma empresa líder de mercado. Os fabricantes de motocicletas japoneses agiram assim na década de 1990 criando uma série de motos para pessoas que estão em busca de emoções (motos esportivas e de competição), aventureiros responsáveis (viajantes habituais e em férias) e pessoas que viajam diariamente para o trabalho (transporte básico), drenando os clientes que de fato não se encaixam entre os "grupos de elite" e os rebeldes de fim de semana — dois segmentos das motocicletas Harley — e comoditizando em parte outros produtos Harley ao oferecer alternativas que sobrepõem os principais benefícios da Harley. Entretanto, os concorrentes norte-americanos — Big Dog e Victory — tentaram atrair nichos adjacentes à posição da Harley.

Na armadilha da comoditização, os preços sobem ou descem, enquanto os benefícios sobem ou descem em todas as direções em torno dos produtos centrais de uma empresa.

- **Escalada** – Em terceiro lugar, identifiquei setores, como o de eletrônicos de consumo, em que os preços estavam diminuindo e os benefícios aumentando. O valor que um produto oferece aos clientes pode entrar rapidamente em desequilíbrio com o mercado. Em outras palavras, o mercado testemunha uma **escalada** na proporção entre os benefícios oferecidos pelo produto e os preços cobrados. Portanto, as empresas oferecem mais pelo mesmo preço ou por um preço inferior. Foi isso que a Apple fez com os *iPods*, ao diminuir os preços e ao mesmo tempo melhorar sua funcionalidade e ao obter vantagem em relação à linha completa de outros fabricantes conhecidos de dispositivos de músicas digitais. Isso abriu espaço para uma situação em que o preço é constantemente empurrado para baixo, mesmo quando os benefícios do produto não param de aumentar, comprimindo as margens de lucro. Observamos isso com frequência nos mercados em que a tecnologia está avançando rapidamente, mas isso pode ocorrer também em vários outros mercados.

Na armadilha da escalada, os preços descem e os benefícios sobem.

Qualquer um desses três padrões pode provocar a total comoditização do mercado de um produto, condição em que as margens de lucro do produto e/

ou a participação de mercado de uma empresa **desaparecem** rapidamente ou até mesmo completamente. Para ajudá-lo a identificar quais armadilhas da comoditização estão atuando nos mercados de sua empresa, consulte o quadro *Checklist* das Armadilhas da Comoditização, que apresenta um resumo das três armadilhas e os dilemas estratégicos que elas criam para gestores e gerentes.

Checklist das Armadilhas da Comoditização

Qual destas três armadilhas está ameaçando os mercados de sua empresa? Examine as seguintes perguntas:

Deterioração

- Surgiu algum concorrente de baixo custo predominante em seu mercado que tenha abalado o *status quo*?

- As economias de escala impediram que você concorresse em preço com alguns concorrentes?

- Os clientes estão cada vez menos dispostos a pagar por benefícios complementares, como serviços e *expertise* (conhecimento) setorial?

- Suas margens de lucro estão diminuindo e você está perdendo participação de mercado, não obstante o fato de estar baixando seus preços para ficar à altura da concorrência?

Proliferação

- Seu mercado está cada vez mais fragmentado? O tempo todo novas ofertas e variações são lançadas?

- A sua principal proposição de valor está sendo solapada por novas ofertas dirigidas a nichos de mercado cada vez mais estreitos?

- Você está frustrado com a falta de recursos suficientes para travar a guerra de *marketing* e inovação em inúmeras frentes adjacentes ao seu principal produto?

- Você está sob constante pressão para diminuir seus preços tão somente para manter seus clientes atuais porque os concorrentes o cercaram de todos os lados?

Escalada

- Você se sente como se estivesse travando uma luta armamentista com seus concorrentes, a todo tempo acrescentando novos recursos e benefícios e diminuindo os preços apenas para acompanhá-los?

- Você acha que um concorrente está prosperando por encabeçar a escalada de benefícios e diminuir os preços, enquanto você está caindo na emboscada de um jogo de equiparação (pega-pega) não lucrativo?

- Você acha que os benefícios principais que estimularam os clientes no passado estão sendo admitidos como ponto pacífico no presente e não serão nada mais que um lance de entrada no futuro?

- Seus clientes têm poder para exigir constantemente mais por menos dinheiro?

A ESTRATÉGIA CERTA PARA CADA ARMADILHA

Assim que uma empresa é pega por uma armadilha da comoditização, a **diferenciação** raramente é suficiente para trazê-la de volta. Aliás, para começo de conversa, normalmente as empresas caem na armadilha porque deixam de inovar a tempo de evitá-la ou porque posteriormente se diferenciam e cortam os preços a tal ponto que acabam exacerbando a armadilha. Portanto, se apenas a diferenciação não for suficiente para escapar das armadilhas da comoditização, o que as empresas podem fazer?

Para ter sucesso a longo prazo, você deve identificar e resolver os dilemas e desafios criados por **aquela** armadilha específica. Na Tabela 1.2 apresenta-se um resumo sobre como identificar cada armadilha e indica-se algumas das soluções mais frequentes para cada uma delas.

Embora na Tabela 1.2 se mostre os padrões comuns e diferentes soluções que encontrei de um setor para outro, existem inúmeras variações nesses três tópicos. Toda empresa e todo setor enfrentam desafios distintos para manobrar os custos-benefícios, os quais requerem um exame cuidadoso por meio da análise de custo-benefício — o mapeamento do custo (preço) em contraposição aos benefícios do produto para tentar encontrar tendências e relações estatísticas entre o custo e os benefícios do produto. Além disso, oportunidades de curto prazo podem surgir nesses padrões mais abrangentes; elas exigem ajustes estratégicos. É por isso que passei os últimos dez anos desenvolvendo essa estrutura e as ferramentas de mapeamento de custo-benefício para ajudar gestores e gerentes a identificar e su-

As três armadilhas da comoditização

perar as armadilhas de comoditização que eles enfrentam. O restante deste livro demonstra como essas armadilhas funcionam na prática e apresenta as estratégias para superá-las — **escapar da armadilha, destruir a armadilha** ou **tirar proveito da armadilha**, a fim de utilizá-las como isca e atrair os concorrentes para a armadilha, ao mesmo tempo em que você escapa dela.

TABELA 1.2

Estratégias para escapar das três armadilhas da comoditização

	Deterioração ↓ Custo ↓ Benefícios aos clientes	Proliferação ↓↑ Custo ↓↑ Benefícios	Escalada ↓ Custo ↑ Benefícios
Sintomas **Como identificar**	. Concorrente de baixo preço que abala o *status quo*. . Economias de escala que favoreçam os concorrentes. . Clientes menos dispostos a pagar por serviços especializados e superiores. . Diminuição das margens de lucro e da participação de mercado — não obstante os cortes de preço.	. Fragmentação do mercado em decorrência de novas ofertas. . Os concorrentes tentam atingir nichos cada vez mais estreitos. . Incapacidade de lutar em todas as frentes. . Pressão para cortar os preços apenas para manter a atual base de clientes.	. Envolvimento em uma "corrida armamentista". . Jogo de equiparação constante (pega-pega). . A vantagem competitiva do passado são os lances de entrada no presente. . Os clientes exigem mais por menos (o comprador tem grande poder).
Soluções **As estratégias**	**Controlando o poder de mercado** Para diminuir, utilizar ou evitar o poder de um concorrente inferior que oferece descontos	**Gerenciando as ameaças** Para reduzir a magnitude e o número de ameaças enfrentadas, manter os recursos ou ganhar habilidade para travar uma guerra em várias frentes	**Controlando o ímpeto** Para controlar o deslocamento dos produtos em direção à extremidade de baixo custo-alto benefício do mapa de custo-benefício
Escape da armadilha	**Esquive-se** do poder de mercado do concorrente inferior.	**Escolha** suas ameaças (estreite as frentes).	**Redimensione** o ímpeto.
Destrua a armadilha	**Enfraqueça** o poder de mercado do concorrente inferior.	**Domine** as ameaças.	**Reverta** o ímpeto.
Tire proveito da armadilha	**Restrinja** o poder de mercado do concorrente inferior ao segmento inferior.	**Suplante** as (gere mais) ameaças.	**Aproveite** o ímpeto.

16
SUPERANDO AS ARMADILHAS DA COMODITIZAÇÃO

O Capítulo 2 delineia as estratégias práticas para superar a armadilha da deterioração. Usando exemplos verdadeiros, esse capítulo explica como você pode distinguir a espiral de deterioração antes que ela domine e destrua seus negócios. Explica também por que até mesmo os concorrentes de alto custo-alto benefício são afetados por efeitos cascata nos segmentos inferiores do mercado e por que o poder de mercado do concorrente inferior é o problema subjacente a ser solucionado com as **estratégias de gerenciamento do poder de mercado**.

O Capítulo 3 aborda a segunda armadilha da comoditização — a proliferação — e explica como você pode identificar sinais reveladores logo no princípio e, desse modo, tomar uma medida evasiva. Examinamos as opções para lidar com os dilemas decorrentes do combate de inúmeras ameaças, usando o que denominei **estratégias de gerenciamento de ameaças**. Empregando exemplos reais sobre como determinadas empresas se esquivaram da armadilha da proliferação — ou tomaram o controle para voltar a armadilha contra seus concorrentes —, esse capítulo explica de que forma você pode superar essa armadilha supostamente debilitante.

O Capítulo 4 examina a armadilha da escalada, explicando de que maneira você identifica se foi pego por essa armadilha e delineando reações práticas que reverterão a situação a seu favor ou destruirão a armadilha. Além disso, esse capítulo mostra que a escalada decorre de um ímpeto aparentemente impossível de interromper, criado por uma postura de ostentação de superioridade constante quando os concorrentes oferecem mais benefícios a preços mais baixos, e explica como você pode empregar estratégias para "controlar esse ímpeto".

Por fim, depois de demonstrar como é possível superar as armadilhas da comoditização, ofereço, no Capítulo 5, algumas ideias sobre a próxima onda de pressões competitivas. Esse capítulo visa avaliar particularmente o impacto de contínuas rupturas e pressões sobre os preços e de que modo as empresas podem confrontá-las. Essas ferramentas e estratégias são parecidos com o **sistema de posicionamento global** (GPS, na sigla em inglês), pois possibilita que as empresas identifiquem com precisão em que lugar elas estão no mapa de concorrentes e o que elas precisam fazer para alcançar novas coordenadas. Essas ideias e ferramentas são especialmente valiosas para lidar com tecnologias disruptivas, novos modelos de negócios e a agressividade da hipercompetição.

De acordo com a minha pesquisa, a maioria dos gestores e gerentes consegue sentir quando existe algo errado, mas não consegue expressar por que foram pegos pela armadilha. Eles não são cegos, mas em geral ficam **aturdidos** porque não conseguem encontrar uma saída para o problema que os colocou nessa armadilha. Espero que este livro ofereça a esses gestores uma linguagem que representa a situação que estão enfrentando, bem como um conjunto prático de medidas que possa libertá-los — e ajudá-los a evitar outras armadilhas no futuro.

Portanto, bem-vindo a este novo mundo de armadilhas e soluções para superá-las. Essas armadilhas apresentam inúmeros desafios, mas é melhor nos concentrarmos nas oportunidades criadas pela comoditização. Afinal de contas, os melhores campos de golfe são aqueles que têm inúmeras armadilhas de areia e outros obstáculos que nos dão o prazer de superá-los. **As armadilhas nos tornam um concorrente mais forte quando aprendemos a escapar, enfraquecer ou revertê-las a nosso favor!**

CAPÍTULO 2

A armadilha da deterioração

Como controlar o poder de mercado para superar os concorrentes inferiores

Algumas vezes as pesquisas apresentam uma característica inesperada. Tive oportunidade de me lembrar disso quando comprei uma bolsa Louis Vuitton para a minha filha. Ela ficou muito contente, pelo menos até o momento em que foi à escola com a bolsa e suas colegas a ridicularizaram por ter comprado uma **imitação**. Eu tinha certeza de que era uma bolsa Louis Vuitton **autêntica** — e tinha a nota fiscal para provar isso! Mas seus colegas não conseguiam notar a diferença, e isso na verdade era mais importante.

A qualidade das imitações, das marcas próprias e de produtos genéricos elevou-se a tal ponto que mesmo uma pessoa com olhos argutos — e, acredite-me, os adolescentes sabem **muito bem** diferenciar as coisas — tem dificuldade para notar a diferença. Esse episódio da bolsa me estimulou a olhar mais longe. Examinei as araras de desconto da T.J. Maxx e encontrei ternos Armani. Encontrei produtos Burberry no Clube Atacadista BJ's. E não eram modelos do ano anterior. Agora podemos encontrar artigos de moda de marcas famosas nesses tipos de loja na mesma estação em que são lançados.

Essa história já é bem conhecida. O setor de moda já teve uma linha clara de custo-benefício. Os grandes estilistas cobravam os preços mais elevados. Hoje, esse setor está passando por mudanças, e a comoditização de marcas valiosas está cada vez maior.

20

SUPERANDO AS ARMADILHAS DA COMODITIZAÇÃO

E não é só isso. As imitações e os descontos entre marcas caras são um sintoma de mudanças mais amplas. Um dos maiores desafios está surgindo no segmento inferior do mercado de moda europeu, onde a loja de varejo espanhola Zara, pertencente à Inditex, está usando novos processos de produção em massa e estratégias de terceirização de abastecimento para oferecer imitações a preços baixos de artigos recém-lançados por estilistas.[1]

O surgimento da Zara e de outras lojas de descontos modernas está provocando uma migração dos compradores para um segmento inferior do mercado europeu de moda feminina.[2] Isso está afetando o mercado como um todo. Primeiramente, os segmentos inferiores (mercado de massa) e de preços médios são afetados como concorrentes diretos. Mas à medida que as marcas de preço médio mudam suas estratégias, os efeitos se propagam para os principais estilistas, forçando todos os demais, nesse setor, a configurar uma resposta.

A zaraficação não é um efeito extraordinário, mas é sempre impressionante. É um exemplo ideal da primeira armadilha comum da comoditização: a deterioração (consulte a Tabela 2.1).

TABELA 2.1

Resumo do Capítulo 2: a armadilha da deterioração

	Deterioração ↓ Custo ↑ Benefícios aos Clientes
Descrição As causas	Provocada por uma empresa com uma posição predominante de baixo custo-pequeno benefício que abocanha a participação de mercado e abala o posicionamento das outras empresas ao seu redor.
Dilemas Os desafios	Você pode superá-los, mas se fugir deles, terá de abandonar os segmentos em que se sai melhor. Portanto, de qualquer forma, haverá uma corrosão nos lucros.
Sintomas Como identificá-los	• Concorrente de preço baixo abala o *status quo*. • As economias de escala favorecem a concorrência. • Os clientes ficam menos dispostos a pagar por serviços especializados e superiores. • As margens de lucro e a participação de mercado diminuem — mesmo havendo corte nos preços.
Soluções As estratégias	**Controlando o poder de mercado** Diminuir, usar ou evitar o poder do concorrente inferior que oferece desconto.
Escape da armadilha	**Esquive-se** do pode de mercado do concorrente inferior.
Destrua a armadilha	**Enfraqueça** o poder de mercado do concorrente inferior.
Tire proveito da armadilha	**Restrinja** o poder de mercado do concorrente inferior ao segmento inferior.

A deterioração ocorre quando um concorrente inferior cria uma posição predominante de baixo custo-pequeno benefício que amplia a participação de mercado nesses segmentos inferiores. A deterioração ocorre quando os preços diminuem e o benefício principal do produto torna-se menor (ou sistematicamente menor). Da mesma maneira que os buracos negros, o concorrente inferior cria uma posição de custo-benefício de tal modo predominante que literalmente abocanha a participação de quem está ao redor. Conseguimos identificar padrões com o surgimento de grandes varejistas de desconto* como o Wal-Mart e linhas aéreas sem mordomias como a Southwest ou Ryanair. A força desses concorrentes é tal que todos os demais são obrigados a concorrer por conta própria para lidar com ela.

SINAIS REVELADORES

A entrada de um concorrente inferior dominante abala o poder de mercado do setor, como o fez a Southwest no setor aéreo, a Dell fez anteriormente no ramo de computadores ou o Wal-Mart ainda está fazendo no varejo. Para as empresas líderes de mercado é muito difícil concorrer com esses rivais disruptivos usando a estrutura de custos que elas já têm. As reações à deterioração devem enfrentar essa mudança no poder de mercado e controlar sua distribuição pelo setor. Para fazer isso, as empresas podem adotar estratégias de gerenciamento do poder de mercado que ponham em xeque, refreiem ou enfraqueçam o poder de mercado dos concorrentes inferiores que oferecem descontos e estão provocando essa deterioração. Contudo, elas devem primeiro identificar o que está ocorrendo em seu mercado.

Portanto, quais são os sinais que revelam a deterioração? Se as questões apresentadas a seguir lhe parecerem familiares, isso significa que provavelmente você esteja enfrentando essa armadilha:

- Um concorrente inferior de baixo custo entrou em seu mercado, abalando o *status quo*.

- Dadas as economias de escala das quais essa empresa disruptiva está usufruindo, você se vê impossibilitado de concorrer em preço.

- Os clientes estão cada vez menos dispostos a pagar por benefícios complementares, como serviços de maior qualidade e experiência no setor.

- Suas margens de lucro estão diminuindo e você está perdendo participação de mercado, embora tenha baixado os preços e diminuído os benefícios do produto para recuperar o terreno em relação à concorrência.

---

* Essas lojas são chamadas de *value retailers*, lojas amplas que tiram seu lucro do volume de produtos vendidos, e não da remarcação de preço dos produtos em estoque. (N. da T.)

SUPERANDO AS ARMADILHAS DA COMODITIZAÇÃO

O restante deste capítulo examina como a deterioração ocorre e quais são as estratégias mais eficazes para combatê-la.

CONSTRUINDO PONTES NO MUNDO DA MODA

Para compreender melhor o fenômeno da deterioração, examinemos mais a fundo o setor de moda. O que a Zara está fazendo na verdade é a mais recente jogada disruptiva em um setor no qual a inovação dos modelos de negócios é constante. Para compreender plenamente o mundo da moda, precisamos voltar à década de 1960, quando as *maisons* de alta-costura francesas e italianas transformaram um setor composto por butiques regionais em um mercado global. As *maisons* de alta-costura em geral fabricam à mão um ou dois produtos de determinado tipo, desenhado pessoalmente por um estilista brilhante, para atender a um pedido especial de algum cliente muito rico. Ao procurar um mercado mais amplo, essas *maisons* criaram estilos *prêt-à-porter* (pronto para vestir), ainda com preços elevados mas posicionados um pouco abaixo de suas linhas de alta-costura. A moda, então uma arte, passou a ser uma atividade industrial — a moda *prêt-à-porter* normalmente era produzida em pequenos lotes, em unidades de produção por encomenda (*job shops*). Posteriormente, as *maisons* de alta-costura aproveitaram as oportunidades criadas pela moda *prêt-à-porter* no segmento de mercado médio-superior então crescente. Os grandes estilistas então arregaçaram as mangas — "de seda" — e criaram "marcas difusoras" com uma faixa de preço médio-superior para ampliar seus mercados. A D&G da Dolce & Gabbana; a CK da Calvin Klein; a Emporio Armani e Armani Exchange da Giorgio Armani; a Versus da Versace; e a Miu Miu da Prada foram lançadas para conquistar segmentos de mercado médio-superior.

Ao mesmo tempo, como demonstrado na Figura 2.1, em torno do início da década de 1990, alguns comerciantes que atendiam ao mercado de massa estavam **galgando** espaço no mercado de faixa de preço médio-superior. A H&M, da Suécia, e a Benetton, da Itália, ampliaram algumas de suas linhas para forçar a alta de preços de inúmeros produtos que elas fabricavam. Lojas de varejo como a Replay e Diesel surgiram na Europa usando marcas-"ponte" (*bridge brands*), que na verdade eram marcas que tinham uma imagem badalada e distinta mas não estavam associadas a nenhum estilista. A marca, e não o estilista, era a **identidade da empresa**. E seus produtos eram fabricados em grande quantidade.

E daí se abriu espaço para a *fast fashion* (moda rápida). A Zara, que abriu sua primeira loja em La Coruña, na Espanha, em 1975, usou tecnologias mais avançadas de produção e gestão da cadeia de suprimentos para imitar a moda *prêt-à-porter*. O modelo da Zara ameaçava as marcas populares, as marcas-ponte e as marcas difusoras por oferecer melhor qualidade e estilo a preços mais baixos.

FIGURA 2.1
Desenvolvimento do setor de moda feminina europeu

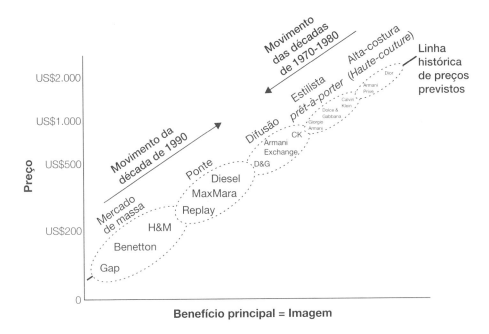

Para conseguir isso, a Zara criou um processo de produção em tempo recorde que se tornou tema de estudo de caso de várias escolas de negócios. As lojas Zara — e hoje existem mais de 1,3 mil em 72 países — recebem duas remessas semanais. Cada uma das remessas inclui novos modelos. Portanto, os produtos oferecidos pelas lojas mudam constantemente. Com mais de 200 estilistas próprios, a Zara identifica as tendências da alta-costura e da moda *prêt-à-porter* e transfere esses modelos para o mercado médio em aproximadamente **quatro semanas**, em comparação aos **seis meses** que a tecnologia e os processos anteriores precisavam para fazer isso.

O processo de imitação no período de quatro semanas interferiu no ritmo e no progresso das marcas-ponte e difusoras. Anteriormente, as empresas de moda lançavam coleções de outono e inverno; mas quando a Zara oferecia imitações de meia-estação, essas empresas eram forçadas a lançar novos figurinos de meia-estação para se diferenciar dela, fazendo com que ficassem com um estoque de meia-estação excedente. Por esse motivo, elas eram forçadas a despejar esse estoque em canais de desconto. No passado, os compradores adquiriam modelos da última estação nos canais de desconto, mas hoje eles compram figurinos da estação atual a preços inferiores aos que os fabricantes das marcas-ponte e difusoras originalmente pretendiam cobrar. Isso abalou ainda mais a imagem dessas empresas, em uma época em que elas precisavam se diferenciar da Zara. A Figura 2.2 mostra o efeito da pressão da Zara sobre o mercado.

As reações do consumidor a essas tendências também acirrou a concorrência entre diferentes segmentos de mercado. Na *Trading Up*, Michael Silverstein e Neil Fiske observaram que os clientes estão usando como acessórios artigos de preço mais baixo, como calças Zara, com blusas de alta qualidade (do nível de uma marca difusora) ou joias de estilistas sofisticados.[3] A concorrência entre os mercados de massa e de luxo é cada vez maior porque as tendências da moda estão dando maior liberdade a misturas e combinações, não apenas de cores e estilos, mas também de níveis de prestígio.

FIGURA 2.2

A Zara pressiona outros segmentos do setor de moda feminina na Europa deslocando a linha de preços

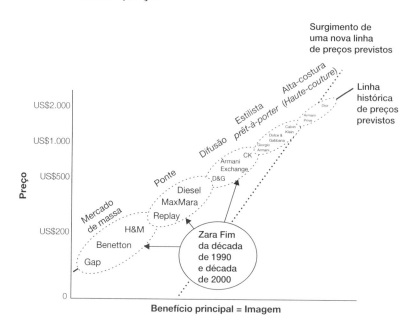

A Zara experimentou um tremendo crescimento e viu seu poder de mercado ascender. Por volta de 2007, era a maior empresa de moda na Europa, ultrapassando a H&M, conhecida como a rainha do chique e barato. Com vendas anuais de 6,264 milhões de euros (2007), ela está empenhada em dar sequência à sua expansão internacional. Em 2008, Coreia, Ucrânia, Montenegro, Egito e Honduras foram conquistados e, em 2009, a Zara anunciou uma *joint venture* com o Tata Group, para abrir lojas na Índia a partir de 2010.

MAIS ESTÁ POR VIR

Pesquisas da McKinsey demonstram que, desde 2002, as grandes lojas de descontos já representavam mais de 21% do mercado de vestuário americano.[4] Essa tendência cresceria apenas nesse e em outros mercados. Surgirão empresas como a Zara em inúmeros outros setores. A concorrência global, o advento de novos modelos de negócios e de novos processos de fabricação e a crescente contratação ou terceirização no exterior continuam a criar oportunidades para o surgimento de concorrentes inferiores que acabam dominando os mercados. Metade da população de consumidores nos EUA e na Europa compra em grandes lojas de descontos como o Wal-Mart (em 1999, era um quarto).[5] Muitos outros setores estão assistindo a uma "mudança dos clientes para as lojas de desconto" — e isso será agravado pela recente retração econômica em nível internacional. Mas isso começou muito antes da retração e continuará mesmo em tempos bons.

Por exemplo, a Geico — o novo nome da Government Employees Insurance Company, da Berkshire Hathaway — está tentando dominar o mercado de seguros, com base em uma promessa de preços baixos e em um *marketing* perspicaz em que personagens, representando homens da caverna e lagartixas, passam mensagens para mostrar que é fácil usar os serviços *on-line* da empresa e como os clientes podem se lembrar de seu nome pouco convencional. A Geico minou e enfraqueceu a posição de concorrentes tradicionais, destruindo seu poder de atribuir preços e de diferenciação, o que provocou a comoditização do setor de seguros de automóveis. Hoje, a Geico é a seguradora de automóveis mais importante e de mais rápido crescimento dos EUA, com 8,5 milhões de segurados.

A Rubbermaid já foi a principal concorrente doméstica no mercado de artigos de plástico. A empresa oferecia produtos duráveis com uma qualidade surpreendentemente alta — de canis, edículas e caixas de armazenamento para cozinha a brinquedos infantis. Há alguns anos, em meados da década de 1990, ela ganhou o prêmio Empresas Mais Admiradas, da *Fortune*. Mas a Rubbermaid vendia seus produtos por meio do Wal-Mart, que chegou à conclusão de que os produtores chineses poderiam fabricar produtos de plástico sem marca bem mais baratos do que a Rubbermaid. A posição da Rubbermaid deteriorou, até o momento em que foi comprada pela Newell. De maneira semelhante, quando os pratos e travessas da Corel e Corningware foram prejudicados por concorrentes chineses mais baratos, a Corning desmembrou seu grupo de produtos de consumo, o que acabou levando a empresa à falência.

O dilema enfrentado pelos gestores é não conseguir competir de igual para igual com esses concorrentes e não poder ter esperança de ganhar. Porém, se permanecerem inertes, certamente perderão participação de mercado. **Imitar** o **imitador** não é uma opção, e escapar parece quase impossível. Os movimentos de distanciamento em relação aos concorrentes inferiores tendem a fazer as empresas a retroceder para nichos cada vez menores, mas os movimentos em direção ao concorrente (imitá-lo e usá-lo como referência) não garantem a vitória. Com frequência, a empresa não consegue equiparar suas economias de escala, estrutura de custos e curva de experiência com as do concorrente inferior. Por isso, ela perde a corrida. Mesmo se ela conseguisse igualar sua posição à do concorrente, isso não faria outra coisa senão acelerar a deterioração, quando os concorrentes inferiores que oferecem descontos usam sua influência e poder para castigar todos os seus adversários.

ESTRATÉGIAS PARA REAGIR À DETERIORAÇÃO

Como as empresas podem reagir à deterioração? O que você deve fazer se o mercado de um modo geral estiver se deslocando para segmentos inferiores? A resposta encontra-se no problema: à medida que os concorrentes inferiores que oferecem descontos ganharem poder de mercado, seus concorrentes devem diminuir ou controlar o poder de mercado do concorrente dominante esquivando-se, enfraquecendo, restringindo ou controlando esse concorrente.

Escape da armadilha: esquive-se do concorrente inferior que oferece descontos

Na batalha contra um concorrente inferior dominante que oferece descontos às vezes é melhor ser **prudente** do que **valente**. Algumas empresas podem seguir adiante **esquivando-se** do poder de mercado desse concorrente. Para isso, ela deve tornar esse poder irrelevante ou evitá-lo. Existem várias saídas para uma empresa adaptar-se ou sair do caminho de outra empresa que está ganhando muito poder de mercado por oferecer descontos em segmentos inferiores, como mudar para um segmento de mercado superior, afastar-se ou seguir adiante.

Mudando para um segmento de mercado superior

A primeira saída para uma empresa esquivar-se do poder de mercado da empresa responsável pela deterioração do mercado é mudar para um segmento superior, concedendo a posição inferior ao concorrente que oferece descontos. Por exemplo, algumas empresas de moda concederam segmentos inferiores e médios do mercado e estão mudando para um segmento superior ou se distanciando dos segmentos em que a Zara é dominante. Nesse sentido, a expectativa das *maisons* de alta-costura e de *prêt-à-porter* é esquivar-se engenhosamente, deslocando-se para áreas mais sofisticadas, a fim de manter sua exclusividade. Algumas empresas, como a Hermès, evitaram a ameaça de concorrentes inferiores concentrando-se totalmente em artigos de luxo destinados a segmentos sofisticados. Esses artigos são clássicos. Não são sazonais nem uma tendência anual que passa uma determinada linguagem. A Hermès diminuiu a quantidade de licenças e de lojas que vendem seus artigos com o objetivo de aumentar sua exclusividade. A Diesel e a Chanel tentaram empregar uma estratégia semelhante.

Outras empresas estão usando tecidos exclusivos para se esquivar da Zara, como a meta da Diesel de se especializar e dominar os produtos de brim. Algumas marcas sofisticadas estão utilizando também fibras raras como a *baby cashmere*, caxemira que provém da primeira extração da pelagem de um filhote e exige em torno de 20 cabras para produzir um único suéter. Essa é uma posição que os concorrentes inferiores de produção em massa não podem galgar.

Quando a demanda por artigos de luxo mantém-se sólida, graças à estabilidade da distribuição de riquezas entre os ricos, concentrar-se nesse segmento pode tirar as marcas sofisticadas do alcance da Zara. As marcas que utilizam essa estratégia enfatizam a exclusividade para se distinguir nitidamente das inferiores. Em alguns casos raros, essa medida pode ser extremamente eficaz, a ponto de reverter a deterioração ao afastar o mercado para um segmento superior, bem distante do concorrente que oferece descontos.

O setor de seda, na Itália — responsável por mais de 90% da produção de seda da Europa — conseguiu competir promissoramente com seus rivais chineses concentrando-se em posições de alto valor agregado. Por esse motivo, ao longo de um período de oito meses, as exportações de seda italiana para a China **aumentaram** 155%, não obstante a disponibilidade de seda de baixo custo da própria China.

Parte do segredo do sucesso da produção de seda italiana são as várias iniciativas de mudar para um segmento superior e redefinir os benefícios oferecidos aos clientes. Por exemplo, os pequenos produtores de seda italianos, na cidade de Como, no norte da Itália, criaram uma associação para conceber uma nova marca. Com isso, ganharam porte e poder de comercialização para concorrer mais eficazmente em mercados globais. Essas empresas também investiram em conjunto em novas tecnologias com o objetivo de produzir tecidos de **maior qualidade** que não rasgam, não irritam a pele e não mancham. Elas estão mudando a definição de qualidade de determinados segmentos de mercado, ganhando força para enfrentar promissoramente os desafios apresentados pelos chineses. Além disso, os produtores italianos conseguiram melhorar seus serviços, oferecendo **conveniência**,

inovação e **flexibilidade**. Com essas melhorias, eles puderam, pelo menos a curto prazo, utilizar a estratégia de **esquiva** — afastar-se da tração do poder de mercado dos concorrentes inferiores. Em vez de tentar superá-los — uma corrida para a qual os produtores de seda italianos estavam malpreparados —, eles saíram da linha de fogo, movendo-se para um patamar superior.

Afastando-se

Se o segmento superior para o qual a empresa deslocar-se não for amplo ou não estiver em ascensão, essa mudança não será suficiente. Se for esse o caso, as empresas podem se afastar da concorrência direta com rivais inferiores mudando seus canais, o ritmo ou de lugar. Por exemplo, a marca Iams da Procter & Gamble e a linha Science Diet de nutrição animal da Hill a princípio eram vendidas por meio de veterinários e *pet shops* especializados para evitar a concorrência com grandes rivais como a Purina nos supermercados. Enquanto marcas de café como a Folgers travavam acirradas guerras de preço nos supermercados, pelo que havia sido considerado uma *commodity*, Howard Schultz criou a Starbucks, uma cadeia totalmente nova de café, tanto de bebida quanto de grãos, conseguindo escapar da comoditização, pelo menos até o momento em que supersaturou o mercado com uma quantidade exageradamente grande de lojas.

É possível também contornar essa armadilha buscando novas regiões geográficas. Quando a Shouthwest entrou no mercado doméstico de linhas aéreas, companhias importantes passaram a se concentrar mais nas rotas internacionais em que a Southwest não era um problema. Embora as marcas que os concorrentes inferiores estão utilizando sejam menos conhecidas, esse mesmo padrão de ajustamento pode ser observado em produtos de cuidados orais. Conquanto a Colgate e P&G dividam o mercado nos EUA, a Colgate predomina em inúmeras regiões do exterior, tendo uma participação de mais de 70% em vários países. Sob a direção de Reuben Mark, a Colgate desfez-se de várias unidades de negócios não relacionadas com esses produtos e procurou concentrar-se novamente em sua linha básica — **produtos de cuidados orais**. A empresa reclamou sólidos interesses no mercado mundial de pastas dentais e inúmeras vezes provou que reagiria agressivamente se seus concorrentes tentassem infiltrar-se em seus baluartes internacionais. É interessante observar que, embora a Colgate não promova agressivamente suas marcas secundárias, tanto no exterior quanto nos EUA, essa empresa continua mantendo essas marcas como posições de apoio relativamente insignificantes apenas para o caso de a concorrência resolver atacar suas fortalezas. A Colgate foi complacente com a P&G e outros concorrentes no mercado doméstico norte-americano, optando por travar uma luta no exterior. Ao se **afastar**, a Colgate, registrou um recorde

Seguindo adiante

Muitas empresas de alta-costura, para se esquivar do poder de mercado da Zara, estão abandonando as roupas de grife para evitar a deterioração e concentrando-se mais em outros artigos altamente sofisticados. Elas estão criando de tudo, desde hotéis e restaurantes idealizados por estilistas (Armani, Bulgari, Versace e outros); eletrônicos de consumo e aparelhos elétricos (a Armani está trabalhando com a Samsung); telefones celulares (a Prada tem uma parceria com a LG); automóveis (a Versace está projetando o interior dos Lamborghinis); helicópteros (a Armani e Versace estão projetando o interior dos helicópteros criados pela Agusta Westland); móveis (Armani Casa); a arranjos florais em floriculturas de nome (Armani Fiori). A Armani, principalmente, está tentando criar um estilo de vida próprio, em que o cliente tem uma experiência exclusiva, denominada **"Estilo de Vida Armani"**. É um apelo a pessoas extremamente ricas, utilizando produtos com um nível de sofisticação e personalização que evita a concorrência com a Zara, nem podem ser imitados pelo sistema de produção em massa e de abastecimento da Zara.

Algumas vezes, as empresas abandonam completamente o mercado de um concorrente inferior. Quando as empresas asiáticas começaram a dominar o setor de *chips* de memória, a Intel percebeu que não poderia competir em preço. Por isso, começou a fabricar *chips* de microprocessador para computadores pessoais. No momento em que teve de enfrentar os novos concorrentes que seguiram em seu encalço, como os microprocessadores AMD, durante a década de 1990, e os microprocessadores asiáticos baratos, no início da década de 2000, a Intel passou a fabricar *chips* para eletrônicos de consumo e outras aplicações especiais.

Quando Paul Otellini assumiu o leme da empresa em meados de 2000, como diretor executivo, percebeu que a Intel precisava enxergar além dos computadores pessoais e concentrar-se nos mercados em ascensão, como os eletrônicos de consumo e cuidados de saúde, para escapar da armadilha de comoditização armada por seus concorrentes inferiores. A Intel usava o mesmo *slogan* havia anos. Otellini criou então um novo *slogan* para a empresa: "*Leap ahead*" (Salto adiante). Esse salto utilizou como ponta de lança o *chip* Viiv da Intel para eletrônicos de consumo (com a possibilidade de unir PC (*personal computer*) residencial, TiVo, aparelho de som e televisão a cabo). A Intel firmou alianças com a Cisco, na área de rede, e a Motorola, em comunicação sem fio. Desenvolveu *chips* para sistemas médicos digitais empregados em hospitais e em monitoramento remoto de saúde em ambiente domiciliar. Além disso, pela primeira vez a Intel introduziu seus *chips dual core* em computadores Apple e estava desenvolvendo *chips* para dispositivos do BlackBerry e *iPod*. A fim de preparar a empresa para lançar uma quantidade inédita de produtos, a Intel contratou 20 mil novos funcionários, incluindo um grupo de antropólogos, com o objetivo de sacudir sua unidade de engenharia (um dos produtos criados pelos antropólogos foi o Índice de Metabolismo Tecnológico da Intel, que mapeia a adoção de tecnologias). Em face da incontrolável deterioração em seu principal mercado, a Intel parecia estar se preparando para fugir para novos produtos ou novos mercados. Em fevereiro de 2009, a empresa revelou seus planos de investir 7 bilhões de dólares nas fábricas norte-americanas que produzirão novos *chips* de 32 nanômetros e oferecerão 7 mil empregos em alta tecnologia.

Outra forma de seguir adiante é redefinir seu segmento-alvo e criar produtos com benefícios principais que se encaixam nesse segmento, como parece ter ocorrido no setor de gomas de mascar, no qual a comoditização é crescente. Quando marcas tradicionais da Wrigley foram imitadas e oferecidas a preços inferiores, ou vendidas com desconto ao lado de vários doces, a Wrigley viu sua participação de mercado encolher. Diante disso, a empresa mudou para um novo conjunto de marcas sem açúcar, como a Orbit, que se diferenciou pela inovação, ao acrescentar atributos funcionais, como refrescamento bucal e branqueamento dental, ou ser comercializada como *snacks* de baixa caloria.[6]

Em meados de 2007, as gomas de mascar tradicionais estavam perdendo participação de mercado. No ano anterior, a Doublemint havia perdido 5%, a JuicyFruit 19% e a Bubblicious e Bubble Yum 21% e 11%, respectivamente. Entretanto, a popularidade das novas gomas de mascar sem açúcar cresceu. As vendas da Orbit, a líder do mercado, dispararam, ultrapassando os 23%, a Trident Splash cresceu em torno de 103% e a Cadbury Adams's Stride sofreu uma expansão de mais de 1.000%.

Para se manter na dianteira desse novo jogo e ajudar a amoldar seu novo benefício principal, em 2005 a Wrigley criou seu Centro de Inovação Global, em Chicago, avaliado em 45 milhões de dólares. Dentre os produtos de última geração criados pela empresa encontra-se um produto de alta concepção denominado "5", que promete "estimular seus sentidos". Portanto, esse lance para se esquivar da concorrência acirrada em seu tradicional segmento na verdade abriu caminho para um novo segmento em ascensão, que está substituindo o tradicional.

Destrua a armadilha: enfraqueça o poder de mercado do concorrente inferior

A segunda maneira de superar uma armadilha da comoditização é **atacá-la**. Provavelmente a forma mais difícil de destruir a armadilha da deterioração, porém a mais recompensadora, é **enfraquecer** o poder de mercado dos concorrentes inferiores que oferecem descontos.

Uma forma de enfraquecer esse concorrente é minar seu poder de baixo para cima, oferecendo preços e benefícios ainda menores por meio de uma cadeia de valor reinventada que continue gerando lucros. Outra estratégia é redefinir a maneira como os clientes enxergam o preço. Digamos que uma empresa esteja obtendo participação de mercado com a venda de um produto barato — por exemplo, um carro praticamente "descartável", com pouquíssima durabilidade e facilidade de substituição do motor e de outras peças para estender sua vida útil. O preço de compra percebido desses carros poderia aumentar, e a participação de mercado da empresa diminuir, se os concorrentes convencessem os clientes a examinar o custo total de propriedade a longo prazo, como os custos de manutenção e substituição de peças. Desse modo, o preço percebido do produto é redefinido com o objetivo de incluir algo mais do que o preço de compra inicial.

Redefina o valor

Para minar os concorrentes que oferecem descontos, as empresas podem demarcar e assumir uma nova posição ainda mais inferior ou então batalhar para neutralizar a vantagem desse concorrente. Mesmo se um novo concorrente inferior conseguir entrar, várias outras soluções podem ser usadas para criar posições que diminuam a ascensão desse novo concorrente atacando sua posição de baixo custo ou de baixa qualidade. Isso pode ser conseguido com um *design* de produto simplificado, cortando benefícios do produto ou reinventando a cadeia de valor para diminuir os custos. Outra opção é a empresa colocar em xeque a proposição de valor de um concorrente inferior.

No setor de moda, por exemplo, algumas empresas estão utilizando celebridades e propaganda para erguer sua imagem e minar diretamente a proposição de valor dos concorrentes que oferecem descontos. A fim de neutralizar o modelo da Zara de imitações *fast fashion* (moda rápida) sem estilistas, a H&M, loja de varejo de massa europeia, está oferecendo produtos de preço baixo e, ao mesmo tempo, usando estrelas como Madonna e estilistas convidados como Karl Lagerfeld, Stella McCartney e Roberto Cavalli para erguer sua imagem. O objetivo é enfraquecer a Zara oferecendo mais por um preço menor ou semelhante. Além disso, a H&M está remodelando suas lojas para que pareçam mais atraentes do que as lojas Zara na Europa. A H&M expõe suas roupas em prateleiras de aço brilhante, cuja aparência é mais sofisticada do que a das gôndolas e caixas nas quais vários clientes europeus da Zara têm de procurar os produtos.

Concorrentes mais modernas e inovadoras, como a Gucci e Dior, usam a inovação e a rapidez para enfraquecer ou ficar páreo a páreo com a Zara no que diz respeito à sua vantagem de imitação. Com isso, 50% de suas vendas anuais são de novos produtos, em comparação com os 20%, em média, das empresas menos inovadoras. Tendo em vista a agilidade da Gucci e Dior no lançamento de produtos e no reposicionamento de suas marcas, para conquistar posições mais claras e segmentos de clientes mais bem definidos, os clientes estão comprando a imagem intangível da marca, sua exclusividade e o conteúdo emocional dos produtos dessas duas empresas, diminuindo os efeitos da ênfase utilizada pela Zara sobre a imitação física dos produtos.

Essas empresas não estão fugindo da Zara. Elas estão se tornando suficientemente ágeis para dificultar a imitação e, portanto, neutralizar em parte essa vantagem da Zara. Elas agora lançam oito coleções por ano, e não duas, como costumavam fazer. O Gucci Groupe (do conglomerado francês PPR) está reposicionando sua coleção de marcas (Gucci, YSL, Bottega Veneta, Alexander McQueen, Stella McCartney e Balenciaga) para conseguir solidificar e evidenciar a imagem e o mercado-alvo de cada marca.

Armani e outros grandes estilistas como Dolce & Gabbana agora fazem a pré-estreia de parte de suas coleções em exibições privadas para fabricantes e varejistas. Por isso, eles vendem a maior parte de seus figurinos em segredo, bem antes de chegarem aos desfiles de moda, ganhando precedência em relação às imitações de seus figurinos pela Zara depois que eles são lançados ao público. Em torno de 60% a 70% das receitas da Armani podem ser atribuídas a essas vendas "pré-coleção".

Outra solução possível para minar a proposição de valor da Zara é por meio da venda de roupas usadas. Embora as *maisons* de alta-costura estejam travando uma batalha no segmento de roupas novas, o mercado de **roupas usadas** está em expansão. Nos EUA, lojas pequenas e não sindicalizadas estão sendo substituídas por redes mais organizadas nesse setor. Por exemplo, a Buffalo Exchange, rede de roupas de "segunda mão" criadas por estilistas, com 34 lojas espalhadas pelo país, obteve uma receita de 56 milhões de dólares em 2008. Será que a Buffalo Exchange é a CarMax do setor de vestuário? Será que as marcas mais sofisticadas terão oportunidade de criar um segmento de mercado de roupas da moda de "segunda mão" na Europa, como fez a Toyota com os carros *Lexus* de segunda mão certificados? Por exemplo, na maioria das vezes, as peças de alta-costura e *prêt-à-porter* compradas por clientes abastados são usadas uma única vez e depois descartadas. Portanto, existe espaço para a criação de lojas de roupas usadas diferentes dos brechós. Um estilista poderia oferecer descontos para uma peça usada se a cliente comprasse outra peça usada ou mesmo um novo vestido sofisticado. E como essas peças em geral estão perfeitas, sem rasgões nem desgastes, as clientes poderiam comprar um vestido relativamente recente por um preço baixo. Isso enfraqueceria lojas de descontos como a Zara.

A automação com certeza pode mudar a estrutura de custos de um setor. Mas a novidade é que até mesmo os setores de serviços estão sendo automatizados e industrializados, com terceirização, subcontratação no exterior, *softwares* e novos processos operacionais.[7] Considere o ramo de manutenção de veículos. A vasta maioria dos serviços de manutenção de automóveis e funilaria era realizada em oficinas pequenas e sujas, em geral tocadas pela família, que ofereciam serviços de qualidade duvidosa ao usar peças pirateadas (paralelas) para cobrar um preço menor. Na contramão desses concorrentes de desconto inferiores encontram-se as concessionárias de automóveis de preço elevado que usavam peças genuínas, as ferramentas de diagnóstico mais avançadas e técnicos altamente treinados; mas muitos clientes as evitavam, temendo que o objetivo real dessas oficinas fosse convencer os clientes de que eles precisavam comprar um carro novo. Hoje, existem redes especializadas que usam a automação para industrializar seus serviços. Com isso, elas enfraquecem os prestadores de serviços inferiores. Elas cobram um preço inferior ao dos prestadores independentes e oferecem uma imagem mais profissional, serviços mais rápidos e de maior qualidade e maior satisfação ao cliente.[8] Os procedimentos da linha de montagem foram empregados por empresas especializadas na área de manutenção e funilaria. Portanto, mesmo quando elas enfrentam um concorrente inferior, às vezes elas têm oportunidade de enfraquecê-lo assumindo uma posição cada vez mais inferior.

Redefina os preços

Outra maneira de minar o poder de mercado do concorrente inferior que oferece descontos é redefinir os preços. O segredo do poder de mercado desse concorrente é o preço, o qual, por sua vez, impulsiona a participação de mercado. À medida que ele impulsiona os preços para baixo, destrói concorrentes e aumenta sua economia de escala, diminuindo ainda mais os custos. Para enfraquecer esse poder, uma solução é mudar as percepções de preço do cliente. Por exemplo, o plano de milhagem oferecido a viajantes frequentes ajudou as companhias aéreas a compensar os preços baixos dos concorrentes que não oferecem mordomias, porque essas empresas atrelaram o preço da passagem a uma viagem gratuita no futuro.

Existem várias oportunidades de mudar a percepção de preço dos clientes no momento da decisão de compra, e para isso não é necessário redefinir o benefício principal nem cortar benefícios secundários. Concentrando-se no custo total de propriedade (o que inclui energia, financiamento, consertos, tempo de inatividade e outras despesas operacionais), e não apenas no preço inicial de compra, a GE rechaçou concorrentes com preços mais baixos em inúmeras áreas durante

34
SUPERANDO AS ARMADILHAS DA COMODITIZAÇÃO

a década de 2000, inclusive os mercados de locomotivas e de turbinas de grande porte. A GE inclui financiamento, serviços de manutenção e outros serviços no preço de compra, tornando o custo total do ciclo de vida de seus produtos inferior ao de seus concorrentes.

Além disso, as empresas podem abrir mão do produto ou vendê-lo a um preço bem baixo e ganhar dinheiro com receitas recorrentes. A Adobe abriu mão do Acrobat Reader, em virtude da popularidade do formato PDF, mas cobra pelo *software* de criação de arquivos Acrobat. As empresas também podem abrir mão dos produtos e cobrar uma taxa de uso, como o fazem as copiadoras (com base no número de cópias) e locadoras de automóveis (com base na quantidade de quilômetros rodados ou de dias locados). Além disso, as empresas podem cobrar de acordo com os resultados apresentados. Atualmente, as consultorias e outras organizações de serviços não estão cobrando por hora nem projeto, mas pelas melhorias de desempenho que conseguem oferecer aos clientes.

Outra solução para mudar o preço é cobrar uma taxa de afiliação, mantendo um preço baixo para os produtos; clubes atacadistas como o BJ's e o Costco fazem isso. Algumas vezes, as empresas utilizam estruturas complexas para que os clientes tenham dificuldade de comparar os preços, como é o caso dos planos de telefone celular, os planos de saúde ou as passagens aéreas. (Obviamente, isso cria oportunidade para que se redefinam novamente os preços com base em um método de atribuição de preços mais simples.) Essas são apenas algumas das formas possíveis de usar a mudança de preço para conter o poder de mercado dos concorrentes inferiores de preço baixo.

TIRE PROVEITO DA ARMADILHA: RESTRINJA E CONTROLE O CONCORRENTE INFERIOR

A terceira maneira de superar a armadilha da deterioração é usá-la a seu favor. Nessa estratégia, as empresas fazem de tudo para **restringir** o poder de mercado do concorrente de preço baixo a uma pequena parcela do mercado.

Circundando para refrear

Para refrear o poder de um concorrente inferior de preço baixo é necessário demarcar posições ao seu redor — em vigor, criar uma armadilha de proliferação, como discutido no Capítulo 3. Tente se lembrar do que estava ocorrendo com o Wal-Mart antes da recessão.

A Target abocanhou uma fatia da participação de mercado do Wal-Mart ao enfatizar o *design* e o estilo em vez de apenas o preço. Entretanto, os clubes atacadistas Costco e BJ's mudaram o preço para minar o poder de mercado do Wal-

Mart, usando as taxas de afiliação para oferecer, sistematicamente, mercadorias por preços inferiores aos das superlojas Wal-Mart. Esses clubes procuram escolher alguns produtos de grande saída para que possam vender por menos os produtos geradores de demanda mais populares.

A Kroger, a maior e mais independente rede de supermercados dos EUA, também teve sucesso ao dificultar a entrada do Wal-Mart no setor de supermercados. Utilizando preços ligeiramente inferiores e melhorando a qualidade do atendimento ao cliente, a Kroger manteve seu crescimento mesmo diante da ameaça de mais de uma centena de superlojas Wal-Mart.[9] A Kroger usa a estratégia **"o cliente em primeiro lugar"**, que, segundo ela, enfatiza quatro fatores: "Nosso pessoal é **excelente!**"; obtenho os **produtos que desejo** e mais um pouco; a **experiência de compra** me faz sentir vontade de voltar; e temos bons **preços**".[10] Empregando essa estratégia, a Kroger aumentou sua participação de mercado em 37 de seus 44 principais mercados em 2007 e registrou um volume de vendas de 70,235 milhões de dólares, um crescimento de 6%.

Em essência, os concorrentes do Wal-Mart usaram a **armadilha da proliferação** para conter durante vários anos a **armadilha de deterioração** que o Wal-Mart havia criado. Porém, assim que a deterioração do mercado foi revitalizada pela recessão principiada em 2008, o Wal-Mart mais uma vez obteve vantagem. Quando a renda das pessoas encolhe, elas deixam de procurar produtos proliferados, retornando aos produtos básicos oferecidos por concorrentes inferiores de preço baixo.

No entanto, uma multidão de concorrentes, particularmente os pequenos, pode fazer com que a inflexibilidade e o peso de uma grande empresa virem-se contra ela. Por exemplo, quando a loja de roupas de descontos T.J. Maxx e os clubes atacadistas procuraram entrar em mercados de vestuário populares, o Wal-Mart tentou concorrer na área de moda, mas entrou nessa luta com uma desvantagem. O problema é que o Wal-Mart encontrou problemas para estocar suas lojas com figurinos de tamanho adequado, visto que o figurino de seus clientes normalmente é bem maior do que os confeccionados por ateliês de costura e vendidos nos clubes atacadistas e na T.J Maxx.

Quando alguns concorrentes ficam zunindo em sua orelha, o Wal-Mart consegue bloquear a possibilidade de expansão de uma loja de descontos inferior. Quando algumas lojas especializadas o circundaram, o crescimento do Wal-Mart desacelerou em meados da década de 2000. Por ter um número já bem grande de unidades de estocagem, o Wal-Mart não conseguiu ampliar seu sortimento para se manter à altura das lojas especializadas, sem aumentar os custos de estoque e os custos gerados pela complexidade crescente de suas funções de compra e distribuição.

SUPERANDO AS ARMADILHAS DA COMODITIZAÇÃO

A Microsoft impediu temporariamente a contenção provocada por concorrentes especializados oferecendo pacotes com vários aplicativos, como o Microsoft Office, navegadores e *softwares* de segurança, em seus sistemas operacionais. No caso do *software* de segurança, a estratégia de oferta de produtos integrados da Microsoft representou uma tremenda ameaça para os fabricantes de *softwares* que operam autonomamente, como o Symantec e McAfee. Ao oferecer produtos de segurança como *firewalls* (para segurança de rede) e programas antivírus gratuitos, a Microsoft impede que seus concorrentes concorram com ela em preço.[11] Esse tipo de deterioração é difícil de superar, como constataram empresas como a Lotus e a Netscape. Porém, várias empresas superaram o "gratuito", contendo-o no segmento inferior do mercado; exemplos incluem a água engarrafada em contraposição à água de filtro e provedores de serviços de saúde particulares em contraposição aos provedores de serviços de saúde públicos (por exemplo, a Veterans Health Administration).

A Intuit, por exemplo, repeliu a Microsoft usando a velocidade para conter o Microsoft Money em produtos de contabilidade, oferecendo um serviço mais ágil de atendimento ao cliente e programas capazes de acompanhar a rápida mudança das normas tributárias e contábeis. Para reagir, a Symantec e McAfee estão acrescentando recursos que a Microsoft não oferece. A McAfee está oferecendo um *software* que melhora o gerenciamento de segurança para os administradores de sistema que desejam estabelecer e impor políticas sobre o grau de proteção e acesso a diferentes máquinas, tipos de dados e *softwares*. Embora a Microsoft esteja protegendo o sistema operacional, a Symantec está protegendo as informações, e no futuro talvez ofereça maior proteção em outras áreas, como de interação e identidade.

É claro que a Microsoft poderia imitar essas mudanças, mas isso não é tão fácil quanto parece. Tanto o *software* de contabilidade/tributário quanto o de segurança exigem consultoria e atualizações frequentes e oportunas que são difíceis para um "elefante" como a Microsoft. Essas restrições ajudam a conter e bloquear o poder de mercado da Microsoft em relação a determinadas partes do mercado de *software*.

Além disso, as empresas podem usar marcas regionais para conter seus concorrentes. A D&G está ampliando o número de butiques próprias ao redor do mundo para concorrer melhor com empresas como a Zara. Retomando o controle sobre suas licenças, a empresa espera conseguir implantar suas estratégias contra essa loja de descontos de uma maneira mais rápida e vigorosa. A Benetton ampliou sua rede de 5,5 mil lojas e aumentou seus ciclos de moda anuais para quatro. Paralelamente, está retrabalhando sua imagem por meio de propagandas e remodelando o formato de suas lojas para tentar conter a ameaça da Zara no segmento menos sofisticado. Ao mesmo tempo, a H&M está começando a restringir a Zara ao seu nicho de clientes abrindo uma série de lojas especializadas para atender a diferentes segmentos, como roupas infantis, acessórios e roupas íntimas femininas, e circundar a Zara.

Algumas marcas difusoras, como a Just Cavalli, de Roberto Cavalli, e GF Ferre, de Gianfranco Ferre, estão diminuindo seus preços também para conter a Zara. Simultaneamente, a Chloé ofereceu preços mais baixos por meio de sua nova marca See.

A manobra legal é uma outra estratégia para usar no **refreamento**. A Chloé, por exemplo, para defender seus modelos de difusão contra imitadores, está abrindo processos judiciais, como a ação contra a Topshop, do Reino Unido (essa rede foi forçada a destruir mais de mil vestidos que havia copiado de um modelo da Chloé, de 185 libras esterlinas), e outra contra a Kookaï, por vender imitações das bolsas Silverado, de pele de cobra.

Controle: mude a posição dos clientes no mercado

É também possível controlar um concorrente inferior de preço baixo **mudando os clientes** para uma proposição de valor mais sofisticada. Isso não se restringe a mudar a empresa para uma posição mais elevada — além de mudar seus produtos para um segmento superior, a empresa redefine o mercado, levando sua base de clientes junto com ela e deixando o concorrente com um nicho de mercado reduzido. Como mencionado antes, às vezes a **esquiva** — quando sustentada por uma medida engenhosa de reposicionamento e inovação — pode ser tão eficaz que as empresas acabam encontrando uma saída para arrastar todo o mercado para cima, basicamente revertendo a deterioração provocada pelo concorrente inferior. Em essência, a empresa move-se para um segmento superior para escapar da armadilha e, ao fazê-lo, migra os clientes para uma posição de alto nível no mercado. Essa estratégia é difícil de implantar, mas, quando é possível, evita o risco de permitir que um concorrente inferior de preço baixo obtenha maior participação de mercado e poder, forçando as empresas que não oferecem descontos e têm menor poder a se aprisionarem na gaiola dourada de um nicho sofisticado. Em vez de simplesmente se deslocar para uma posição superior e deixar grande parte do mercado para trás, em benefício de um concorrente inferior, as empresas que empregam essa estratégia arrastam o mercado com elas oferecendo um produto sofisticado a um preço abaixo ao da linha de preços previstos.

Essa abordagem foi usada com sucesso pela Gillette para enfrentar a entrada da BIC no segmento inferior de aparelhos de barbear descartáveis. Os aparelhos descartáveis roubaram participação de mercado dos cartuchos mais caros da

38
SUPERANDO AS ARMADILHAS DA COMODITIZAÇÃO

Gillette, que ofereciam mais benefícios (barbear mais rente) a um preço mais elevado. Em resposta, a Gillette primeiramente deu o mesmo passo, entrando no segmento inferior com seu aparelho descartável Good News, lançado em 1976. Contudo, como as margens de lucro eram muito reduzidas, mesmo que a Gillette tenha ganhado participação de mercado, esse lance na verdade só agravou a armadilha de deterioração que a BIC havia criado. Os lucros da Gillette deterioraram e seu sucesso no segmento de descartáveis tornou-se uma vitória de Pirro: por pouco a Gillette não foi vítima de uma aquisição hostil na década de 1980.

Em vez de continuar decidindo pelas armas, na extremidade inferior do mercado, um segmento extremamente sensível aos preços, a Gillette começou a elevar o nível, agora em direção à outra extremidade, dando a largada com o Sensor. Com esse lance, a Gillette galgou uma posição de custo-benefício tão sólida, que acabou de fato tomando participação de mercado no segmento de descartáveis e deteriorando a posição superior da BIC. Desse novo ponto de partida, a Gillette prosseguiu, impulsionando o processo de escalada (como descrito no Capítulo 4) e controlando o ímpeto com uma série de lançamentos, como o Sensor, o Mach3 e os modelos Fusion. A Gillette sempre tinha na manga um produto de **última geração** e pelo menos um produto a mais, de um determinado modelo, para antecipar o movimento dos imitadores — por exemplo, o Sensor Excel, o Mach3 Turbo e o M3Power. Suas inovações melhoraram a segurança e suavidade e proporcionaram um barbear mais rente. Contudo, mesmo com o Fusion, parece que a Gillette estava ficando sem espaço para impulsionar esse ímpeto, porque até que ponto é possível oferecer um barbear mais rente? Diante disso, a Gillette teve de procurar uma nova forma de mudar o jogo. Tendo vendido a empresa para a P&G, a Gillette pode agora explorar novas estratégias de distribuição para ganhar participação de mercado, tornando o desenvolvimento de produtos um fator menos importante em sua estratégia. Porém, de um modo geral, essa mudança para um segmento sofisticado, que a princípio parecia uma iniciativa para diminuir a importância do poder de mercado de um concorrente inferior de preço baixo, acabou contendo e até diminuindo o poder de mercado da BIC a longo prazo.

Em alguns casos, é muito difícil lidar com a deterioração e não há como escapar, destruir ou tirar proveito dessa armadilha. Isso é especialmente verdade quando a deterioração é provocada por uma retração na economia ou por outros fatores que fazem uma porcentagem significativa da demanda evaporar. Sob essas circunstâncias, outras estratégias devem ser empregadas em prol da sobrevivência (consulte **Deterioração e Evaporação da Demanda**).

Deterioração e Evaporação da Demanda

Às vezes, quando a retração econômica é acentuada, ela é capaz de provocar uma tempestade perfeita. Os preços do mercado e os benefícios deterioram quando os clientes, ao sentirem o beliscão, passam a procurar as **pechinchas** — e a demanda simplesmente evapora. Embora esse tipo de deterioração não seja co-moditização, se considerado de um ponto de vista técnico, nessa circunstância as empresas enfrentam uma dificuldade especial para escapar, enfraquecer ou tirar proveito da deterioração e, desse modo, melhorar sua posição competitiva ou seu poder de atribuir preços. Nessas situações, as empresas devem tomar medidas complementares para sobreviver ao furacão. Veja algumas delas:

Feche as escotilhas e prepare-se para a tempestade protegendo a principal atividade de sua empresa. Isso abrange medidas como voltar para o básico, podando os produtos que geram pouco lucro e as áreas ou segmentos geográficos, diminuindo os gastos discricionários, cortando o excesso de capacidade para sustentar os preços, reduzindo os custos (por meio de dispensas temporárias, processos mais eficazes, reestruturação e outras medidas do tipo) e fazendo apenas o essencial para sobreviver. O objetivo é maximizar o fluxo de caixa gerado por operações essenciais. É também necessário administrar dinamicamente o faturamento. A empresa deve convencer os clientes de que seus produtos são uma necessidade básica para concorrer com seus rivais ou de que eles solucionarão ou evitarão um problema mais sério que possivelmente a empresa enfrentará no futuro. A equipe de vendas pode ser orientada a encaminhar os agentes de compra a executivos mais altos na hierarquia para que discutam com eles questões relacionadas a vendas. É possível importar para a principal atividade da empresa produtos ou processos de mercados emergentes com objetivo de obter conhecimento do mercado emergente sobre processos de baixo custo e produtos inferiores. Normalmente, as empresas mantêm os preços baixos, mas não iniciam guerras de preços nem as agravam.

- **Prepare-se para navegar com os ventos do furacão e, desse modo, absorver ou evitar muitos prejuízos financeiros e estratégicos.** É preciso ser proativo e agir antes que o problema piore, se você deseja fazer isso. Para absorver mais facilmente os prejuízos financeiros, as empresas reduzem seu ponto de equilíbrio com as seguintes medidas: diminuem o índice dívida/patrimônio, re-financiam a dívida, reduzem os dividendos e a recompra de ações e cortam custos e ativos fixos, substituindo-os por custos variáveis ou então optando pela terceirização. Para desbloquear o fluxo de caixa de suas atividades, as empresas cortam o estoque e os dispêndios para aquisição de imobilizado, estendem as contas a pagar e antecipam as contas a receber. Normalmente, elas

40
SUPERANDO AS ARMADILHAS DA COMODITIZAÇÃO

aumentam sua flexibilidade estratégica e operacional e ajustam seus portfólios mais rapidamente. Além disso, elas reavaliam os riscos operacionais e suas políticas de crédito. O objetivo é aceitar a realidade e engolir esse sapo de uma só vez, para não experimentar prejuízos adicionais à medida que a empresa toma ações complementares para reagir e adaptar-se a prejuízos crescentes e a uma demanda declinante.

- **Após a tempestade vem a bonança.** As melhores empresas não apenas reagem à tempestade. Elas se posicionam em relação ao futuro incrementando seletivamente sua área de P&D durante a tempestade, para estar à frente dos concorrentes quando a tempestade cessar. Algumas procuram fusões transformativas porque os concorrentes se enfraquecem em períodos de rearranjo (*shakeout*),* e com isso elas têm oportunidade para fortalecer ou diminuir sua posição em mercados importantes. Outras melhoram o atendimento ao cliente, fiando-se na ideia de que os clientes se lembrarão desse benefício quando a situação inevitavelmente voltar ao normal. E outras usam a crise para reinventar seus modelos de negócios e a posição que ocupam e, desse modo, atender à demanda acumulada e aos mercados emergentes após a retração econômica. Elas trabalham com o governo para criar novas regulamentações com o objetivo de prevenir retrações futuras, mas ao mesmo tempo erguem barreiras à entrada de possíveis concorrentes após esse período de desaquecimento da economia. Além disso, elas preveem a inflação que provavelmente ocorrerá quando o governo imprimir moeda para pagar as dívidas governamentais referentes ao período de recessão, incorridas em programas de estímulo e socorro financeiro, ou o impacto sobre as classes trabalhadora, média e alta quando os impostos aumentam e outros benefícios são cortados para ajudar a equilibrar o orçamento.

- Acredito que isso foi muito bem colocado por Winston Churchill, que certa vez disse o seguinte: **"Se você está atravessando o inferno, não pare!".**

LUTAR OU FUGIR? A DECISÃO É SUA

Com relação às estratégias de gerenciamento do poder de mercado, o principal dilema é decidir se você deve **lutar** ou **fugir**. Do mesmo modo que qualquer

---

* Mudanças nas condições de mercado que provocam a eliminação de concorrentes com situação financeira insignificante em um determinado segmento. Várias empresas entram em colapso porque não conseguem concorrer com empresas mais fortes em circunstâncias econômicas difíceis. (N. da T.)

A armadilha da deterioração

outra decisão com relação a lutar ou fugir, essa escolha depende da força relativa dos concorrentes (da possibilidade ou não de você conseguir vencer a luta) e das oportunidades para fugir (se houver uma rota de fuga). A vitória depende dos recursos que você tem para investir nessa guerra contra um concorrente inferior. Se sua derrota é irremediável, então a opção talvez seja fugir, se houver uma rota de fuga viável. Se você estiver páreo a páreo ou tiver alguma vantagem, a possibilidade de refrear ou enfraquecer um concorrente de baixo preço é maior. Não são apenas os seus recursos que contam, mas os recursos dos parceiros que você pode levar para a briga. Como a Zara ganhou poder de mercado no mundo da moda, ao usar os lucros da empresa para se expandir rapidamente, os concorrentes encontram maior dificuldade para contê-la ou até mesmo acompanhá-la. O medo de retaliação também pode influenciar na decisão dos concorrentes com relação a confrontar ou conter um determinado concorrente inferior. Em resumo, as empresas que são pegas na armadilha da deterioração precisam avaliar o equilíbrio entre seu poder e o do concorrente inferior de preço baixo.

Se você não tem capacidade para vencer essa guerra com um concorrente inferior, então a questão é saber se existe uma rota de saída. Você poderia aderir à iniciativa de outra empresa de enfraquecer esse concorrente ou então encontrar um aliado para ajudá-lo, como a IBM fez com a Dell ao vender sua divisão de computadores pessoais à Lenovo, um fabricante chinês de baixo custo! Se sua marca ou se seu produto já estiver posicionado em um segmento superior, você deve avaliar se sua posição é um refúgio seguro ou se será afetada pelo efeito cascata provocado por um concorrente inferior de preço baixo, como vimos no setor de moda. Se houver um efeito cascata, sua posição é frágil, mas ainda assim você pode usá-la como plataforma para se afastar ou mudar de posição e evitar a deterioração provocada por esse concorrente de preço baixo. A questão é saber se você pode mudar de posição ou se afastar em tempo hábil, antes exaurir sua participação de mercado nessa antiga posição e esgotar seus recursos para realizar essa mudança. Se sua marca estiver concentrada em um nicho pequeno ou em um porto seguro, a questão é saber se você consegue encontrar uma saída para ampliar o mercado para essa marca. Se não houver nenhuma saída, talvez você seja forçado a encontrar uma forma de brigar — ainda que isso exija que você entre em uma luta desleal com um animal gigantesco. Em muitos casos, para ganhar a massa crítica indispensável para lutar contra concorrentes inferiores de preço baixo, é preciso haver uma consolidação no setor ou que se crie uma ampla rede de parceiros aliados.

Em conclusão, você deve avaliar os custos e os riscos de uma possível fuga. Se sua marca for valiosa, esquivar-se pode interromper a deterioração temporariamente, mas à custa do valor da marca a longo prazo. Além disso, fugir pode soar como um

42
SUPERANDO AS ARMADILHAS DA COMODITIZAÇÃO

sinal de fraqueza para o concorrente e levá-lo a persegui-lo mais agressivamente em direção à linha de custo-benefício ou em outros mercados, como a Toyota fez com a GM quando começou a fabricar carros pequenos e depois veículos utilitários esportivos, carros de luxo e, recentemente, camionetes maiores. Portanto, fugir talvez só sirva para abrir espaço para uma luta mais acirrada no futuro. Todos esses fatores influirão na escolha da estratégia para combater a deterioração.

Embora a qualidade e o prestígio oferecidos pela Zara sejam inferiores aos de seus concorrentes no segmento de alta-costura, o poder de mercado de um concorrente inferior predominante mais do que compensa seus aspectos adversos. Essa mudança pode ser comprovada com a fortuna que Amancio Ortega, proprietário da Zara, conseguiu levantar. Dono de um patrimônio líquido de 24 bilhões de dólares, ele era o homem mais rico da Espanha e ocupava o **oitavo lugar** na lista internacional de bilionários da *Forbes* de 2007. Filho de ferroviário, Ortega começou a vida confeccionando penhoares e *lingeries* em sua sala de estar, e assim permaneceu por mais de quatro décadas até fundar a Zara em 1975. Sua fortuna o coloca na frente de Stefan Persson (17º), presidente da rede H&M, fundada por seu pai, e bem à frente de Giorgio Armani (177º) e da família Benneton (323º). Há muito dinheiro para se encontrar no segmento inferior do mercado.

Lutar contra o poder de mercado de um concorrente inferior, que está galgando uma posição ampla e ascendente e provocando a deterioração do mercado como um todo, talvez o faça se sentir como na luta de Davi contra Golias. Contudo, como as palavras de Napoleão Bonaparte nos fazem lembrar, "quando se tem um exército mais fraco, a essência da estratégia é sempre ter mais força do que o inimigo no ponto crucial". E se percebermos algum poder em ascensão, podemos enfraquecê-lo ou refreá-lo antes que ele ganhe muito poder de mercado. As pessoas se perguntam por que a Sears não copiou ou comprou a loja de descontos Home Depot antes que ela arruinasse seu setor de materiais de construção e decoração. Ou por que uma das maiores redes varejistas não imitou ou comprou o Wal-Mart antes que ele ganhasse tamanho ímpeto. Como Leonardo da Vinci disse uma vez: **"É mais fácil resistir no início do que no final."**

CAPÍTULO 3

A armadilha da proliferação
Como controlar várias ameaças à sua posição competitiva

A **proliferação**, a segunda armadilha da comoditização, surge quando novas posições de custo-benefício proliferam, circundam e corroem a proposição de valor de um produto visando a segmentos menores da base de clientes. Com a fragmentação dos mercados e novos modelos de negócios mais focalizados, os concorrentes podem estabelecer como alvo segmentos mais estreitos ou usar substitutos que atendam a algumas das mesmas necessidades dos clientes. Onde um dia havia algumas posições de amplo alcance, hoje existem várias posições mais estreitas. Os concorrentes usam essas novas posições para abocanhar fatias do mercado de incumbentes cuja posição é mais abrangente.

É paradoxal que a **diferenciação extrema** provoque a comoditização. Contudo, no momento em que os inúmeros produtos fabricados pelas empresas começam a se sobrepor uns aos outros, elas passam a ameaçar a exclusividade dos produtos umas das outras. Por isso, precisam reduzir o preço para preservar sua participação de mercado ou perder participação de mercado para manter os preços. **Essa é a armadilha da proliferação!**

O dilema dos gestores que foram pegos na armadilha da proliferação é que eles não conseguem lutar contra todos os concorrentes, em todos os lugares e o tempo todo. Eles chegam à exaustão, arrastados para todas as direções, assumindo uma quantidade exagerada de atribuições, a ponto de não conseguir fazer nada.

44
SUPERANDO AS ARMADILHAS DA COMODITIZAÇÃO

Entretanto, se não reagirem e apegarem-se simplesmente às suas principais competências naquele momento e aos mercados do produto — e isso é o que eles sabem fazer melhor —, serão **comidos vivos** por seus concorrentes mais centrados. Os concorrentes pressionam os preços da empresa que fica cercada porque, por serem centrados, concorrem mais agressivamente em seus territórios-alvo, que são mais estreitos (consulte a Tabela 3.1).

Os sinais que revelam a armadilha da proliferação são:

- Seu mercado está cada vez mais fragmentado; novos produtos e variantes são lançados o tempo todo.

- Sua proposição de valor está sendo minada por novos produtos dirigidos para nichos de mercado cada vez mais estreitos.

- Você se sente frustrado porque está sendo atacado em várias frentes, mas não tem recursos para travar guerras de *marketing* e inovação e defender seu principal produto contra todas essas invasões.

- Cercado de todos os lados, você sofre pressões constantes para diminuir seus preços tão somente para reter sua base atual de clientes.

TABELA 3.1

Resumo do Capítulo 3: a armadilha da proliferação

	Proliferação ⬍ Custo ⬍ Benefícios
Descrição As causas	Provocada por inúmeras ameaças geradas por substitutos, imitadores, fragmentação do mercado e inovação em novos produtos. Novas e várias posições de custo-benefício se abrem, circundando e erodindo a exclusividade do produto da empresa.
Dilemas Os desafios	Você não consegue lutar contra todos, em todos os lugares e o tempo todo. Porém, se não o fizer, será picado até a morte por um enxame de abelhas.
Sintomas Como identificá-los	• Fragmentação do mercado, em decorrência de novos produtos. • Concorrentes que visam a nichos mais estreitos. • Impossibilidade de lutar em todas as frentes. • Pressão para cortar preços só para manter sua base atual de clientes.
Soluções As estratégias	**Gerenciando as ameaças.** Diminuir a magnitude e a quantidade de ameaças enfrentadas, manter os recursos ou construir capacidade para travar uma guerra em várias frentes.
Escape da armadilha	**Selecione** as ameaças (estreite as frentes).
Destrua a armadilha	**Domine** as ameaças.
Tire vantagem da armadilha	**Suplante** as (gere mais) ameaças.

REBENTOS E SUGADORES DA SEARS

Para comprovar como a **proliferação** provoca o esgotamento, pense no que ocorreu com a rede de varejo Sears, que enfrentou a armadilha da proliferação com a chegada dos catálogos de especialidades, das butiques nos *shoppings centers*, dos **"exterminadores de categoria"** (*category killers*), dos clubes atacadistas e da consolidação de lojas de departamentos sofisticadas. O abrangente posicionamento da Sears foi mordiscado até o fim. Por volta de meados da década de 1990, a Sears foi cercada e atacada em várias frentes por empresas que ofereciam diferentes fatias dos produtos oferecidos pela Sears, mas com maior intensidade.

Na extremidade superior do mercado, a Sears foi desafiada pela consolidação das lojas de departamentos regionais, como a Federated Department Stores, para criar organizações nacionais de multicadeias, com economias de escala em compras, marcas de maior prestígio e mercadorias mais caras e de melhor qualidade em espaços comerciais mais elegantes. Além disso, a Sears foi atacada na extremidade inferior quando o Wal-Mart e a Kmart surgiram e tornaram-se uma ameaça no segmento de descontos. O Wal-Mart, especialmente, utilizou pontos comerciais, inovações na cadeia de suprimentos e negociações agressivas com os fornecedores para impulsionar os preços para baixo, a um nível extraordinário.

Enquanto isso, clubes atacadistas como o Sam's Club, BJ's e Costco ofereciam outra posição de valor com base em preços baixos, compras de grandes volumes e uma mentalidade de "caça ao tesouro", paralelamente à oferta de serviços despojados, mostruários e vários outros paramentos usados nas lojas de varejo. Outras empresas inovadoras criaram exterminadores de categoria, focalizando cada um dos departamentos da Sears. A Toys "R" Us atingiu o departamento de brinquedos. Cadeias como a Best Buy atacaram os baluartes da Sears na área de eletroeletrônicos. Varejistas como a Ace Hardware, True Value, Home Depot e Lowe's atacaram o histórico baluarte da Sears em *hardware* e materiais de construção e decoração, com uma variedade maior de produtos e ideias de custo-benefício. Enquanto isso, catálogos de especialidades como o Land's End desmembrou o catálogo de vendas pelo correio da Sears — o famoso *Wish Book* (*Livro dos Desejos*) — cujas partes posteriormente seriam juntadas pelas lojas de varejo na Internet.

Minha pesquisa identificou que a principal solução para a armadilha da proliferação é o **gerenciamento de ameaças**. Para evitar as ameaças, as empresas podem escolher que luta elas querem travar, identificando vácuos e espaços abertos para suplantar os proliferadores. Ou então podem escolher as ameaças e desarmá-las, eliminando-as, afugentando-as, consumindo-as, esmagando-as ou **"proliferando mais"** do que os **proliferadores**.

46
SUPERANDO AS ARMADILHAS DA COMODITIZAÇÃO

Na verdade, a Sears empregou algumas dessas estratégias, embora elas tenham sido custeadas ou implantadas de maneira inadequada. Entretanto, mais importante do que isso, a Sears endireitou seu foco. Ela concedeu a posição de valor básica no segmento inferior do mercado ao Wal-Mart, à Kmart e a outras cadeias de descontos, abandonando inúmeras linhas de produtos. Além disso, ela abriu mão de seu catálogo, mas continuou atendendo a empresas de venda de especialidades por catálogo. Em seguida, reposicionou suas lojas nos *shoppings*, com a campanha *The Softer Side of Sears* (algo como o Lado Suave da Sears), para concorrer com lojas de departamentos finas, e introduziu marcas sofisticadas e novas categorias de produtos para concorrer com as lojas de departamentos. A Sears criou ou utilizou suas próprias lojas independentes para que se tornassem exterminadoras de categoria, como a Sears Hardware, NTB (peças de automóveis), redes de móveis e cadeias de equipamentos de jardinagem.

Mesmo assim, a Sears não estava suficientemente focalizada — ela bateu em retirada, deixando de lutar em inúmeras frentes, e continuou apegada ao seu antigo formato de loja de variedades por um tempo demasiado longo — e a **proliferação a derrotou**. A Sears desistiu ou liquidou com suas cadeias independentes, as quais ela **não teve habilidade de gerenciar**, e voltou a se concentrar nas lojas dos *shoppings*. Contudo, sua campanha *The Softer Side of Sears*, a princípio bem-sucedida, não teve um segundo ato. A empresa por fim foi adquirida pela Kmart, que estava procurando definir uma posição de valor que conseguisse protelar o colapso financeiro que enfrentou em sua própria batalha contra o Wal-Mart.

A Sears definiu a categoria de lojas de departamentos e sustentou suas atividades por aproximadamente um século. Porém, como foram demarcadas várias e novas posições de custo-benefício, a posição da Sears foi carcomida, assim como grande parte do valor de suas ações. Neste exato momento, ela ainda está enfrentando dificuldades financeiras.

PROLIFERAÇÃO DOS HOTÉIS

O problema da armadilha da proliferação cresce exponencialmente quando a fragmentação de mercado explode, a ponto de inúmeros ou todos os segmentos do mercado ficarem abarrotados de concorrentes aparentemente semelhantes, mas não muito.

A proliferação está marcando presença no setor hoteleiro. Em apenas um ano, surgiram pelo menos 24 novas marcas de hotéis nos EUA, dentre elas: Cambria Suites, Hotel Indigo, Hyatt Place, Element e NYLO (New York Lofts). A proliferação ofereceu uma saída para a organização do mercado em torno da convencional classificação de **cinco estrelas**, mas criou também novas ameaças competitivas para marcas consolidadas à medida que as empresas demarcavam novas posições. Nesse caso, para se defenderem dos agressores, as empresas líderes também proliferaram. Os concorrentes já estabelecidos criaram novas ofertas próprias — considere, por exemplo, as marcas W e Aloft da rede Starwood Hotels & Resorts Worldwide. Mas existem várias estratégias contra a proliferação que funcionam ou fracassam em diferentes circunstâncias.

Outra maneira de gerenciar essas ameaças é tomar como alvo as posições com a menor intensidade competitiva, desviando ou evitando, essencialmente, as ameaças dos proliferadores — tomando parte de um jogo de amarelinha para estreitar a batalha a determinadas frentes inconstantes. No gerenciamento de ameaças, é possível evitar os concorrentes, confrontá-los nas frentes em que a resistência é mais branda ou tomar as medidas necessárias para lutar simultaneamente em várias frentes. No restante deste capítulo, examino a armadilha da proliferação e outras estratégias de gerenciamento de ameaças para enfrentá-la.

O paraíso de três estrelas

Para compreender esse processo de proliferação, voltemos aos dias tranquilos e felizes do início da década de 1970, quando a cadeia de hotéis Holiday Inn encontrava-se em seu glorioso apogeu no segmento de três estrelas. Em junho de 1972, o fundador da rede, Kemmons Wilson, apareceu sorridente na capa da revista *Time*, dado o sucesso da cadeia de hotéis que ele havia criado.[1] A cadeia Holiday Inn tinha 1,4 mil hotéis espalhados pelas interestaduais norte-americanas. Todos eles foram cuidadosamente posicionados para ficar a um dia de viagem entre um e outro. Essa cadeia era o verdadeiro **"estalajadeiro da nação"**. Chegou até a inspirar Neil Diamond e Elton John a compor as canções *Holiday Inn Blues* e *Holiday Inn*, respectivamente.

O Holiday Inn era a quintessência do segmento de nível médio. A genialidade comercial de Wilson foi oferecer acomodações baratas e padronizadas para famílias, como alternativa aos hotéis de beira de estrada malcuidados da época, tocados por proprietários independentes. O Holiday Inn oferecia lençóis limpos, ar-condicionado, piscinas e cordialidade no atendimento. Essa cadeia dominou seu quinhão no setor e serviu como padrão de referência para concorrentes como Ramada Inn, Days Inn e os hotéis de beira de estrada da Howard Johnson. Os "grandes letreiros" do Holiday Inn tornaram-se um ornamento nas autoestradas norte-americanas e um sinal luminoso para os carros de família apinhados de viajantes exaustos.[2] Era uma cadeia três estrelas confiável que se encaixava no orçamento familiar, mas com certeza distinta dos concorrentes luxuosos do segmento superior ou dos pulgueiros e espeluncas na outra extremidade.

48
SUPERANDO AS ARMADILHAS DA COMODITIZAÇÃO

Contudo, quando se está no topo do mundo, o **convencimento** — e a **comoditização** — com frequência infiltra-se insidiosamente. Em 1975, o *slogan* do Holiday Inn era *The Best Surprise Is No Surprise* ("a melhor surpresa é não ter surpresa"), em referência ao serviço e à qualidade confiáveis da rede. Se pelo menos o setor tivesse mantido essa **simplicidade**: o próprio Holiday Inn estava prestes a se deparar com algumas surpresas que sacudiriam seu mundo.

Primeiramente, as cadeias de hospedagem duas estrelas, como o Motel 6 e Quality Inn, mudaram de posição, saindo do segmento inferior. Essas cadeias ofereciam estada convencional, mas competiam em preço com os hotéis três estrelas e os hotéis de beira de estrada semelhantes ao Holiday Inn. Ao mesmo tempo, surgiram as cadeias quatro estrelas, oferecendo alguns atributos que se sobrepunham àqueles oferecidos pelos estabelecimentos três estrelas. O Holiday Inn tentou reagir erguendo-se de três para quatro estrelas, abandonando as instalações de qualidade inferior e aprimorando seus serviços. Desacelerado pelo investimento empatado nas propriedades existentes e em sua imagem, **foi comido vivo** por concorrentes mais ágeis. A empresa foi comprada pelo conglomerado Bass PLC, do Reino Unido, em 1988 (que posteriormente desmembrou suas operações, tornando-se o InterContinental Hotels Group — IHG). Isso marcou o fim de uma era. Alguns hotéis Holiday Inn da velha-guarda entraram para o mundo dos hotéis duas estrelas quando seus contratos de franquia expiraram, encontrando uma segunda vida entre cadeias como Best Western ou Days Inn.

Realinhando as estrelas

As posições do setor hoteleiro antes eram tão nítidas quanto o conjunto de estrelas que definiam a qualidade relativa das cadeias (consulte **Classificação de Estrelas dos Hotéis**, para ter uma visão geral das classificações que usamos em nossa pesquisa). Porém, a maioria dos novos concorrentes, no final da década de 1990 e início da década de 2000, em que se incluíam o Hyatt Place, da Hyatt, e as marcas Aloft e Element da Starwood, estava de olho nos hotéis superiores de nível médio e nos hotéis inferiores de nível superior do mercado. A principal característica da proliferação de novos modelos de hotéis e de novas marcas são as marcas com foco no estilo de vida, posicionadas acima de suas linhas de preços previstos. Esses hotéis com foco no estilo de vida usavam a imagem da marca e diferentes combinações de conveniências para se diferenciar dos hotéis com classificações semelhantes. Outras cadeias reposicionaram-se para estender a linha de preços previstos além do limite das estrelas, acrescentando cadeias de hotéis seis e sete estrelas com comodidades exclusivas e serviços sofisticados.

Um exemplo são os hotéis Bulgari e Armani, idealizados por esses estilistas. A nova cadeia Armani e o Bulgari Hotels da Marriott estão sendo lançados por estilistas famosos para estender o espectro de hotéis, com tarifas médias que chegam ao preço estratosférico de 700 dólares ou mais o pernoite, em troca de uma exclusiva experiência de alta classe.

O Holiday Inn encontrou uma posição segura na faixa intermediária do universo hoteleiro solapado pela proliferação de novas posições no mapa de custo-benefício. Para o Holiday Inn, essa proliferação gerou um ataque de ambos os lados, do segmento superior e inferior, corroendo suas tarifas médias diárias, suas margens de lucro e a exclusividade de seus benefícios. **Consequentemente, houve comoditização nesse segmento.**

Classificação de Estrelas dos Hotéis

A segmentação de custo-benefício nos hotéis está fundamentada em um conjunto de classificações de estrelas convencionais:[3]

Super luxo (7 estrelas). Hotéis com comodidades diferenciadas ou marcas que os colocam em uma posição acima dos hotéis de luxo normais, de acordo com as tarifas médias diárias superiores, como o Ritz Carlton da Marriott, o Waldorf Astoria da cadeia Hilton e o St. Regis e Luxury Collection da Starwood.

Luxo (6 estrelas). Hotéis que oferecem inúmeras comodidades, com frequência cadeias de hotéis-butique ou de hotéis pequenos, com instalações e serviços de primeira classe e tarifas extremamente altas. Uma mistura de negócios e lazer, dependendo do local, em geral com grande porcentagem de hóspedes internacionais.

Upscale **superior (5 estrelas).** Hotéis bem equipados que oferecem todas as comodidades de alta qualidade, como quartos e banheiros espaçosos, e cobram tarifas diárias altas. Normalmente estão localizados em áreas nobres dos centros das grandes cidades ou em *resorts*. Seus clientes são predominantemente executivos e com frequência têm uma alta porcentagem de hóspedes internacionais.

Upscale **(4 estrelas).** Hotéis de alta qualidade, a maioria com serviço completo e tarifas diárias de média a alta. Menos luxuosos do que os *upscale* superior e algumas vezes não contam com recursos como *concierge* (recepcionista). Predominantemente voltado para os executivos nas áreas urbanas, mas também direcionados a turistas; menos internacionais do que os *upscale* superior, mas podem ter uma porcentagem significativa de hóspedes internacionais.

Intermediário (serviço completo/3 estrelas). Serviço completo, mas com menos comodidades do que os *upscale*. Tarifas diárias comparativamente mais baixas do que os hotéis *upscale*. Predominantemente de hóspedes nacionais, tanto executivos quanto turistas.

Intermediário (serviço limitado/2 estrelas). Pequenas instalações para refeições e bebidas, bar e reuniões, mas com quartos de qualidade semelhante e tarifas comparáveis às dos hotéis intermediários de serviço completo. Predominantemente para hóspedes nacionais, tanto executivos quanto turistas.

Econômico/barato (1 estrela). São os hotéis mais baratos e mais básicos, com instalações pequenas. Predominantemente para hóspedes nacionais.

Essas categorias de estrelas normalmente definem a linha de preços previstos (com base nas tarifas médias diárias) para cada cadeia hoteleira. Entretanto, algumas marcas de hotel aparecem acima e abaixo da linha de preços previstos da cadeia — em geral os hotéis com foco no estilo de vida aparecem acima da linha e os hotéis com suítes para estada prolongada aparecem abaixo da linha. Essas cadeias estão usando outros benefícios para se diferenciar das marcas tradicionais conforme a linha de preços previstos, baseada no sistema de classificação de estrelas da cadeia.

Como as empresas hoteleiras conseguiram reagir a essas ameaças de proliferação? Muitas tomaram medidas para confrontar as ameaças, na maioria das vezes construindo um portfólio com todos os tipos de hotel, que lhes permitisse concorrer em todos os segmentos do mercado. A aquisição da cadeia Holiday Inn e de outras cadeias pela Bass e os novos lançamentos dessa empresa lhe possibilitaram enfrentar novas ameaças competitivas em todos os segmentos, como mostrado na Figura 3.1. Em 1991, a Bass, *holding* (sociedade gestora) das cadeias Holiday Inn e InterContinental Hotel, bem como de vários outros investimentos na época, lançou a marca Holiday Inn Express para concorrer no mercado de hóspedes de baixa renda, mas ofereceu apenas um ligeiro desconto nos preços do Holiday Inn. O Crowne Plaza foi lançado em 1994 para concorrer no mercado de alta renda, encaixando-se entre as marcas existentes da empresa: Holiday Inn na faixa intermediária e InterContinental no extremo superior do espectro de cinco estrelas.[4] Mas a empresa permaneceu firmemente centrada na posição intermediária (três estrelas), mesmo depois que a Bass desmembrou-se, tornando-se o IHG.

FIGURA 3.1
InterContinental Hotels Group (IHG)

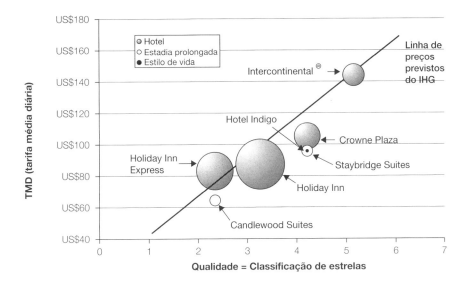

Observação: o tamanho do círculo é proporcional ao número de quartos.

O confronto direto do IHG com inúmeras ameaças, para proteger seu mercado principal, foi uma abordagem cara e brutalmente competitiva. Outras empresas escolheram cuidadosamente suas posições ao longo da linha de preços para selecionar as batalhas que queriam travar, criando seu portfólio para concorrer diretamente apenas em determinados segmentos. A Hilton Hotels Corporation, por exemplo, talvez tenha sido a mais bem-sucedida no que diz respeito à criação e ao gerenciamento dessa reação às ameaças da proliferação, de um lado a outro da linha, com tarifas médias diárias que geralmente ultrapassam às do IHG em todas as categorias de estrela. Além disso, a cadeia Hilton conseguiu gerenciar melhor a concorrência acima e abaixo de sua linha de preços previstos, especialmente na categoria de quatro estrelas, um nível importante, no qual encontrou nichos promissores em três preços estabelecidos (*price points*). E conseguiu também se investir no principal mercado do IHG, o de três estrelas, usando a marca Hilton, mas minimizou sua exposição à zona morta altamente competitiva e declinante dos hotéis três estrelas posicionando-se apenas em uma pequena faixa dela. Basicamente, a cadeia Hilton atacou o núcleo três estrelas do IHG, mas se concentrou em seus recursos no extremo superior e inferior das classificação de estrelas (consulte a Figura 3.2).

FIGURA 3.2
Hilton Hotels Group (HHG)

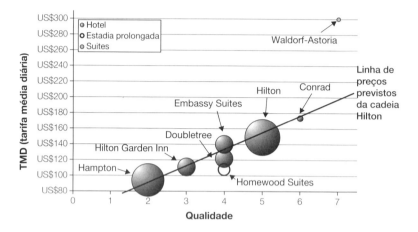

Os dados de TMD do Waldorf-Astoria foram estimados.

Tendo em vista o custo embutido do enfrentamento de concorrentes em várias frentes, algumas empresas tiveram cuidado redobrado para escolher as ameaças que enfrentariam. A cadeia Choice Hotels, por exemplo, demarcou posições no segmento de mercado de uma e duas estrelas, concentrando-se na concorrência do segmento de hotéis baratos de turismo, com diferentes marcas franqueadas, incluindo as marcas EconoLodge, Comfort Inn, Comfort Suites e Quality Inn. Ela evitou, portanto, a possibilidade de ter de enfrentar concorrência em várias frentes e conseguiu concentrar sua atribuição de marca e *marketing* em um único segmento do mercado. Essas medidas colocaram a cadeia Choice Hotels na melhor posição para enfrentar a retração econômica do final de 2008.

No outro extremo, a Starwood concentrou-se na faixa superior (hotéis de cinco ou mais estrelas), incluindo o Sheraton, o Westin e Le Méridien, e em suas marcas de nicho de elite, como o St. Regis e os singulares Luxury Collection. Ela procurou se restringir aos turistas abastados e às habilidades e ao *marketing* necessários para atrair esse segmento.

A abordagem estratégica da Sears, na qual a empresa optou por travar suas batalhas escolhendo em que lugar deveria abrir mão de sua posição (por exemplo, nos catálogos) e onde deveria lutar (por exemplo, exterminadores de categoria independentes e lojas de *shopping*), foi semelhante ao método empregado pela cadeia Hilton para selecionar as suas. Mas a Sears manteve seu foco na loja de variedades (seu formato intermediário) e não teve habilidade nem recursos para operar a diversidade de novos formatos e marcas que escolheu. Diferentemente da cadeia Hilton, a Sears ficou por muito tempo apegada a um formato assediado, quando na verdade deveria ter feito cortes maiores, usando uma estratégia mais focalizada (semelhante à da Choice ou Starwood).

Outras empresas hoteleiras tomaram medidas para suplantar as ameaças, abandonando suas linhas de preços previstos. Algumas cadeias criaram novas marcas com base em novos modelos. Em meados da década de 1990, por exemplo, algumas empresas criaram opções de estada prolongada (normalmente chamadas de suítes), para agradar aos viajantes executivos. Essas suítes aceitavam tarifas diárias um pouco mais baixas em troca de estadas médias mais longas, como se mostra nas Figuras 3.1 e 3.2. Pequenas mudanças nos benefícios secundários permitiram que elas se posicionassem acima ou abaixo dos hotéis com classificações semelhantes.
A SpringHill Suites da Marriott foi concebida para ser uma cadeia *upscale-ish* (mais ou menos *upscale*), para agradar os viajantes de negócios que procuram acomodações três estrelas. Ela não oferece as comodidades de um hotel de serviço completo, como salões de banquete, amplo serviço de copa nos quartos, serviços de recepção ou os restaurantes sofisticados encontrados nos hotéis quatro estrelas. Entretanto, oferece piscinas cobertas, agradáveis salas de ginástica e áreas de trabalho ergonômicas não encontradas na maioria dos hotéis três estrelas.[5] E cobra um preço ligeiramente superior ao dos hotéis três estrelas, que é um desconto comparado com o dos hotéis quatro estrelas. De modo semelhante, com base nas tarifas médias diárias (TMDs), o Residence Inn da Marriott está posicionado em uma faixa de desconto em comparação com seus outros hotéis cinco estrelas, as cadeias Marriott e Renaissance.

Opções de hotéis com foco no estilo de vida

Outra estratégia usada para suplantar as ameaças em cada categoria de estrela foi a mudança de posição para o segmento de hotéis com foco no estilo de vida. Essa estratégia foi empregada mais agressivamente pela Starwood. Por exemplo, marcas como a W e Aloft conseguiram cobrar tarifas acima da linha de preços previstos da Starwood por categorias três e cinco estrelas, respectivamente, de acordo com a vivência oferecida. A segmentação focada no estilo de vida direcionava-se a clientes que desejavam expressar um estilo ao optar por um tipo de hospedagem. Os novos hotéis ostentavam salas de estar e galerias, restaurantes e boates sofisticados, arquitetura de vanguarda e marcas de luxo para todos os estilos de vida e preferências. Do mesmo modo que a Starbucks transformou o produto café em uma experiência, o objetivo era transformar o quarto de hotel

54
SUPERANDO AS ARMADILHAS DA COMODITIZAÇÃO

em uma experiência ímpar, direcionada a nichos especiais. Esses hotéis com apelo ao estilo de vida mudaram a visão do setor, antes centrada no produto, para uma visão centrada no cliente.

Como me explicou Steve Heyer, na época diretor executivo da Starwood:

"A grande surpresa para nós foi que os esquemas de segmentação demográfica não funcionaram. Os hóspedes que tinham a mesma idade, renda, patrimônio líquido e número de membros na família estavam buscando experiências diferentes. Os dados demográficos não conseguiam nos informar o que o cliente percebia como experiência de qualidade. Começamos a segmentar com base nas emoções — como o cliente queria se sentir em nossas diferentes marcas. Para introduzir inovações, o setor estava recorrendo à arquitetura e a comodidades, mas essa inovação não tinha nenhum contexto. A segmentação e a inovação que se baseiam em promessas exclusivas que fazem as pessoas se sentir superiores, diferentes e especiais são indispensáveis para uma empresa bem-sucedida."[6]

Essa era uma maneira diferente de enxergar o mercado. Em vez de classificar os hotéis usando estrelas (com base em suas instalações), o objetivo nesse caso era criar um **benefício secundário**: uma experiência melhor para diferentes tipos de viajante. Esse processo mudou o modo como o setor se enxergava.

Contudo, ainda que a Starwood fosse a precursora dos hotéis focados no **estilo de vida**, as reviravoltas na administração da empresa (como a saída de Heyer da direção executiva em abril de 2007) arrefeceram seu ímpeto. E havia outro problema em tentar suplantar a armadilha da proliferação com a demarcação de novas posições. Uma vez que se descobre uma nova posição, ela normalmente não permanece livre por muito tempo para os concorrentes. Novas ameaças acabam dando sinal de vida. Portanto, não demorou muito para que os concorrentes captassem o novo jogo da Starwood. De acordo com um comentário do diretor executivo do IHG, "No passado, os hotéis foram segmentados com base no preço e em quase nada mais [...]. No futuro, as marcas de hotéis serão obrigadas a representar e dizer alguma coisa."[7] Todas as principais cadeias criaram ofertas exclusivas de estada prolongada e marcas centradas no estilo de vida. Eles enfrentaram a **proliferação** com a **proliferação** e isso significava que o precursor podia suplantar os demais apenas até o momento em que a comoditização voltasse a dar as caras.

Sinais de mudança

Em outubro de 2007, o InterContinental Hotels anunciou que estava investindo 1 bilhão de dólares pelo período de três anos, junto com os proprietários (os hotéis são em sua maioria franqueados), para relançar totalmente a cadeia Holiday Inn, então com mais de três mil hotéis. O objetivo dessa iniciativa era mudar o foco, centrado nos viajantes com orçamento apertado, para os viajantes de negócios que já compunham a maior parte de suas atividades, a fim de concorrer mais eficazmente com cadeias como a Courtyard by Marriott, Hampton Hotels e Hilton Garden Inn.[8] O Holiday Inn está substituindo colchões e roupa de cama, acrescentando suportes curvos para cortinas de chuveiro e fechando anualmente mais de uma centena de hotéis com subdesempenho. Essas mudanças encaixam-se exatamente em uma estratégia de "aroma e música", com uma fragrância sutil mas inconfundível do Holiday Inn — uma tendência iniciada pela Starwood, em suas marcas Sheraton e Westin.[9] O InterContinental espera que esses hotéis renovados gerem receitas significativamente mais altas por quarto disponível. Os novos hotéis também estão mudando o logotipo, substituindo o "Holiday Inn" por um simples "H" branco dentro de um quadrado verde.[10] (Embora o nome da cadeia permaneça o mesmo, o novo logo inspira a elegância despojada da marca W da Starwood, uma das pioneiras no movimento de proliferação.)

O setor hoteleiro tornou-se um feroz campo de batalha; novas marcas e modelos de negócios proliferaram, cada um com abordagens distintas de segmentação de mercado. Nos ambientes de proliferação, uma estratégia que certamente não funciona é permanecer estático — como o Holiday Inn acabou constatando. Ficar parado significa ficar para trás, cercado pela proliferação, com tarifas diárias declinantes e uma comoditização progressiva em todos os cantos. Como disse Steve Porter, diretor de operações do Holiday Inn nos EUA, na ocasião em que anunciou o plano de relançamento, "Nossa importância corre risco."[11] O segmento três estrelas parece ser um segmento de mercado agonizante. Como o Holiday Inn é o concorrente dominante nesse segmento, o centro de gravidade do IHG está em lugar errado. Será que a empresa consegue corrigir isso? Será que a remodelação do Holiday Inn será suficiente diante da retração econômica e do complexo e competitivo campo de batalha criado pela proliferação? Alguns talvez digam que o Holiday Inn foi pego para sempre na armadilha da proliferação, e sua remodelação é tardia e insuficiente.

ESTRATÉGIAS PARA REAGIR À PROLIFERAÇÃO

Como o setor hoteleiro demonstra, de forma convincente, a proliferação mina a posição das empresas e provoca a comoditização à proporção que novas posições competitivas começam a ameaçar as existentes, corroendo as margens de lucro. De acordo com minha pesquisa, uma maneira de combater essa proliferação é **gerenciar as ameaças**.

56
SUPERANDO AS ARMADILHAS DA COMODITIZAÇÃO

Como elucidado pelo exemplo dos hotéis, existem três soluções principais para as empresas gerenciarem as ameaças. Primeiro, elas podem escapar da armadilha da proliferação **escolhendo as ameaças**, como as cadeias Choice e Starwood fizeram quando se concentraram nos hotéis inferiores e sofisticados, respectivamente. Segundo, elas podem atacar e **dominar as ameaças**, optando por lutar em várias frentes, como a cadeia Hilton fez ao criar extensões de marca e um portfólio completo. Terceiro, elas podem usar a armadilha em seu proveito **suplantando** seus concorrentes com sua própria proliferação, para abrir novas posições (como ocorreu com as marcas com foco no estilo de vida, de nicho sofisticado e de estada prolongada) acima ou abaixo ou nos extremos da linha de preços previstos.

Escape da armadilha: escolha as ameaças

Algumas vezes não é possível confrontar diretamente as ameaças da proliferação. Nesses casos, as empresas ainda assim podem estreitar sua batalha optando por se concentrar em ameaças específicas, como vimos no exemplo da cadeia Choice Hotels, que focalizou os segmentos de mercado de uma e duas estrelas.

Normalmente, as empresas escolhem áreas em que a resistência dos concorrentes é menor — posições no mapa de custo-benefício cuja intensidade competitiva é pequena ou posições em que a empresa tem algumas vantagens significativas sobre os concorrentes. Além disso, as empresas podem entrar e sair das áreas em que a concorrência é menos intensa à medida que elas surgem e desaparecem, como em geral é praticado nos setores de automóveis e de produtos de consumo embalados.

Às vezes, as empresas podem combater a proliferação introduzindo-se rapidamente nos segmentos que serão posições lucrativas ou de crescimento — à proporção que elas vão e vêm — antes que os concorrentes tenham chance de reconhecer essas oportunidades. (Diferentemente dos espaços vazios, analisados mais adiante, essas posições não são novas no mapa. São posições existentes em que a concorrência é menos acirrada.)

Destrua a armadilha: domine as ameaças

Quando não é possível **escolher** nem **suplantar** a ameaça para escapar dos proliferadores, as empresas precisam estar preparadas para lutar. Duas questões devem ser consideradas no planejamento desses combates. A primeira é se a empresa deve distribuir ou concentrar recursos — isto é, se ela deve usar várias estratégias contra várias frentes (como a cadeia Hilton fez com seu portfólio consistente e completo) ou identificar uma estratégia geral que abranja todas as frentes. A segunda questão é o momento — isto é, confrontar as ameaças simultaneamente ou sequencialmente.

Concentre seus recursos

Em vez de combater diferentes proliferadores em várias frentes — uma abordagem que exige muitos recursos —, as empresas com menos recursos algumas vezes podem encontrar uma única posição para combater simultaneamente uma variedade de ameaças. Uma análise cuidadosa dos benefícios oferecidos pela empresa em relação a diferentes concorrentes pode ajudar a criar uma posição sustentável contra cada um dos concorrentes, mas de uma maneira simultânea. O Clube Atacadista BJ's, terceiro maior clube nos EUA, concentrado principalmente na costa leste, criou uma estratégia desse tipo para enfrentar a proliferação de uma série de concorrentes. Esse clube tinha uma posição invejável, em que podia enfrentar vários concorrentes bem-sucedidos e agressivos, como o Costco e o Sam's Club e os *supercenters* do Wal-Mart, bem como inúmeras cadeias de supermercados e exterminadores de categoria. O BJ's soube criar um conjunto sustentável de benefícios ao concentrar seus recursos na costa leste e ao escolher seus alvos com prudência (especialmente as redes de supermercados ineficientes e com preços mais elevados). Além disso, ele soube se diferenciar dos supercentros, dos exterminadores de categoria (como a Best Buy), dos supermercados e de outros clubes atacadistas por meio de um único formato básico que podia ser reduzido em tamanho de acordo com a necessidade, para mercados locais mais rurais.

Do mesmo modo que outros clubes atacadistas, o BJ's se diferenciou das redes de supermercados e dos *supercenters* do Wal-Mart removendo vários dos ornamentos tradicionais das lojas de varejo, diminuindo os preços e usando taxas de afiliação para manter o preço dos produtos baixo. Em seguida, o BJ's introduziu pontos de diferenciação concentrando-se em alimentos frescos, em tanques de lagosta, em uma variedade maior, em marcas de alta qualidade e em marcas próprias com características exclusivas, e também oferecendo embalagens menores e mais opções de pagamento. Com esse posicionamento, o BJ's não alcançou apenas uma posição, mas várias posições simultâneas, cada uma delas concebida para o clube se defender de diferentes proliferadores que o circundavam, como mostra a Figura 3.3.

O BJ's arrefeceu seu conflito com o Costco, que estava mais voltado para pequenos negócios, e procurou focalizar os segmentos familiares sofisticados, particularmente as mulheres. Esse clube conseguiu enfrentar com sucesso os *supercenters* do Wal-Mart ao praticar preços em média 15% inferiores aos dos *supercenters*, utilizando logística e custos de mão de obra mais adequados ao mercado dos clubes atacadistas e operações que chegavam a ter um custo inferior até mesmo ao do Costco. O BJ's empregou a segmentação para evitar os clientes do Sam's Club, que tendiam a ser sovinas e a ter uma renda média de 35 mil dólares, concentrando-se, em vez disso, em segmentos com uma renda média anual de mais de 80 mil dólares por ano.

SUPERANDO AS ARMADILHAS DA COMODITIZAÇÃO

FIGURA 3.3

BJ's: um único formato de loja e posicionamento simultâneo contra os proliferadores

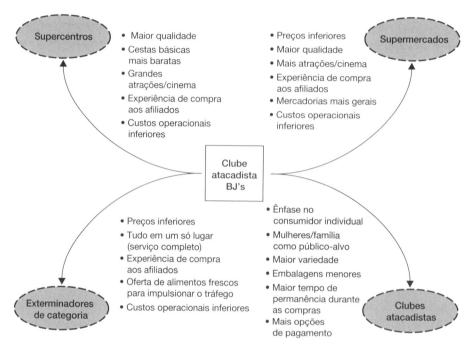

Fonte: Utilizada com permissão do diretor executivo Mike Wedge, do Clube Atacadista BJ's.

Contudo, a meta suprema do BJ's eram os supermercados, nos quais ele obtinha preços 30% mais baixos em uma cesta básica completa. Além disso, esse clube ampliou suas ofertas de alimentos frescos, introduzindo tanques de lagostas em várias lojas, tirando o espaço de prateleira alocado para mercadorias gerais para ampliar as ofertas que concorrem com os supermercados, acrescentando postos de combustível e farmácias e até experimentando ambientes especiais para crianças, com *play centers* de três andares e serviços de babás para cuidar dos bebês. Com isso, os supermercados tiveram grande dificuldade para imitá-lo, em virtude da falta de espaço e do pequeno formato das lojas. O BJ's com frequência supera o aumento das vendas e a lucratividade em lojas comparáveis tanto do Costco quanto do Sam's Club. No geral, o BJ's recorreu a uma abordagem indiferenciada (*one-size-fits-all*, ou seja, um tamanho para todos.) para confrontar a proliferação porque não tinha porte nem recursos para se dividir em lojas especializadas com capacidade para tomar a ofensiva contra alguns e defender-se de outros.

Crie um ataque em massa

Diferentemente da abordagem unificada do BJ's, uma empresa com uma posição generalista ou abrangente e que tenha recursos significativamente amplos e diversos pode se dividir em partes menores que possam atuar de uma maneira mais ágil para combater os proliferadores e criar oportunidades de crescimento nessas novas posições. É mais ou menos como a abordagem de ataque em massa de uma alcateia. Com golpes rápidos e fortes, lutando em várias frentes, esses "lobos" têm uma reação mais flexível e fluída contra os proliferadores usando uma abordagem unificada e focalizada.

Vimos que a Sears queria criar uma estratégia de ataque em massa reposicionando suas lojas nos *shoppings* para o mercado feminino, e então criar um grupo de cadeias de especialidades independentes direcionadas a peças automotivas, móveis e decorações residenciais e produtos e ferramentas para reparos residenciais. A Sears fracassou nesse aspecto porque não soube conduzir as lojas de especialidades. E deixou de reconhecer a importância dos exterminadores de categoria e dos clubes atacadistas. Por isso, nunca atacou seus concorrentes no mercado masculino. Além disso, alocou recursos além da conta para suas lojas nos *shoppings*. Em relação aos recursos, ela sofreu com os conflitos internos travados entre os gerentes influentes das lojas generalistas tradicionais e os gerentes menos fortalecidos das cadeias independentes que surgiram de repente, basicamente matando de fome os demais lobos. Desse modo, a Sears não conseguiu manter uma postura ofensiva e uma alcateia própria saudável.

Crie massa crítica

Normalmente, as empresas não têm massa crítica para usar diferentes estratégias contra diferentes proliferadores, mas elas devem criá-la porque os segmentos de mercado são muito diversos. Algumas vezes, os concorrentes não têm outra opção senão lutar em várias frentes simultaneamente. Para concorrer, as empresas têm de atuar como produtos de baixo custo no segmento inferior e como diferenciadores no segmento superior na linha de preços previstos. E precisam também combater posições acima e abaixo dessa linha. Nesses casos, as empresas devem enfrentar diretamente a ameaça dos proliferadores criando massa crítica para implantar um portfólio completo por meio de fusões e aquisições. Assim que se reúne uma linha inteira de produtos, essa estratégia exige uma gorda conta bancária e talento gerencial para sustentar uma guerra em várias frentes.

Esse foi o caso do setor de relógios, que está fragmentado em inúmeros segmentos que sobem e descem à medida que a moda muda. A Swatch começou como um concorrente centrado — demarcando uma nova posição que associava

60
SUPERANDO AS ARMADILHAS DA COMODITIZAÇÃO

custo baixo e *design* sofisticado —, mas em seguida acabou criando um portfólio completo de marcas por meio de aquisições. A princípio, a Swatch ergueu a empresa por meio de relógios baratos com *designs* coloridos e incomuns, procurando atrair consumidores jovens do sexo feminino que estão à frente e ditam a moda. Os relógios Swatch foram posicionados acima da linha de preços previstos porque ofereciam um benefício secundário (*design* e estilo "descolado" e criativo) acima e além do benefício principal dos relógios (prestígio). Consequentemente, a Swatch não podia cobrar um preço mais alto pelos relógios com precisão, durabilidade e prestígio comparáveis. Porém, novas empresas proliferaram, trazendo novos produtos para o segmento de preço da Swatch, de diferentes formas. A Garmin e Polar, por exemplo, ofereciam relógios para caminhada com GPS e dispositivos de monitoramento cardíaco por um preço adicional. A Nike oferecia uma imagem singular, esportiva e competitiva com o ***just do it*** (apenas faça) e resistência para corridas e outras atividades atléticas. Outras empresas ofereciam linhas de produtos mais completas, como a Citizen, posicionada como uma linha de relógios de maior prestígio, enquanto a Seiko posicionou-se como uma linha de relógios com prestígio ainda maior. A Dior e a Gucci posicionaram-se como uma linha de relógios da moda com alto prestígio, ao passo que a Rolex posicionou seu produto em um mercado altamente sofisticado.

Para lidar com essa proliferação, o grupo Swatch (antes SMH) precisava de maior massa crítica, se quisesse lutar em várias frentes. Diante disso, a Swatch adquiriu novas marcas para demarcar um portfólio completo. Além de sua marca Swatch, a empresa adquiriu a linha de relógios Blancpain, alguns vendidos por mais de 200 mil dólares; Omega, o relógio dos astronautas; e também os relógios Hamilton e Tissot, que são clássicos e intermediários. A Swatch produziu também marcas esportivas e chiques da Longines e Rado. Como empresa, essa variedade de produtos e marcas lhe permitiu atender a vários segmentos de mercado, escolhendo em seu portfólio de relógios totalmente diversificado produtos para atender a toda e qualquer pessoa, em todos os lugares. O grupo Swatch hoje está posicionado para mudar de acordo com as necessidades mutáveis dos clientes e do novo posicionamento de seus concorrentes, e tem massa crítica para utilizar subsídios cruzados de um segmento para outro.

Escolha o momento oportuno para travar suas batalhas

É possível lidar com os proliferadores sequencial ou simultaneamente. E essa opção depende de a empresa ter recursos para dominar a concorrência aos poucos ou de uma vez. No princípio de suas atividades, a Microsoft usou uma estratégia sequencial para enfrentar e sepultar inúmeros *softwares* rivais, incorporando programas no *sofware* Microsoft antes que esses rivais se tornassem aplicativos excepcionais (*category killers*) e obtivessem uma aplicação ampla o suficiente para lhes permitir adicionar um sistema operacional semelhante ao da Microsoft nesses aplicativos. A Microsoft mudou do MS-DOS para um *software* de interface gráfica com o usuário (imitando e limitando a Apple), depois para aplicativos de maior utilização, como o de processamento de texto (eliminando o WordPerfect da Corel, um rival), o de planilhas eletrônicas (eliminando o Lotus) e o de apresentação PowerPoint (eliminando o Presentation da Corel), e com isso consolidou todos eles em um pacote de programas para escritório.

Posteriormente, em um de seus principais duelos, a Microsoft atacou de maneira brutal os navegadores de Internet concorrentes (eliminando o Netscape). Para isso, ela colocou em um mesmo pacote seu navegador, oferecendo-o de graça, e seu sistema operacional, e supostamente violou as leis antitruste quando tentou associar seu navegador ao seu sistema operacional para bloquear os navegadores concorrentes. Com o passar do tempo, a Microsoft se envolveu em uma série de batalhas, nas quais enfrentou, imitou e absorveu a proliferação de outras empresas. Isso ampliou as atividades da Microsoft e também ajudou a desencorajar possíveis concorrentes, evitando que invadissem seu território.

As empresas podem também vencer ou absorver sequencialmente as ameaças ou usar alianças para fazer as pazes com alguns concorrentes em potencial e ao mesmo tempo manter outros acuados por certo tempo (permitindo que a empresa se concentre em ameaças específicas, uma por vez). Em alguns casos, é melhor deter ou postergar determinadas ameaças, para que se possa enfrentá-las em outro momento.

Detenha as ameaças

Se uma empresa não estiver apta a enfrentar todas as ameaças imediatamente, algumas vezes é possível neutralizar algumas afugentando alguns dos proliferadores e, por conseguinte, liberar tempo e recursos para focalizar as ameaças mais imediatas. Atacar, adquirir ou eliminar os proliferadores é uma estratégia que exige muitos recursos, mas às vezes produtos ou marcas "fantasma" podem ser utilizados para afugentar os proliferadores ou mantê-los acuados.

Por exemplo, as empresas afugentam os concorrentes usando "produtos-fantasma" que existem apenas em forma de protótipo, para dessa maneira acentuar a imagem de seus produtos e invalidar a imagem dos concorrentes com produtos melhores. A Victoria's Secret oferece uma coleção de sutiãs e calcinhas cravados de diamantes a um preço acima de US$ 15 milhões. Ninguém nunca compra — na verdade, esses produtos nunca foram produzidos —, mas isso abaixa a cabeça de estilistas sofisticados que possam atacar a Vitoria's Secret estendendo suas atividades para os segmentos médio e médio-superior do mercado de *lingeries*. E a Microsoft foi acusada de usar *vaporware* (produtos anunciados que não são lançados no mercado) para evitar que os clientes comprem *softwares* concorrentes ou pelo menos para adiar essa compra.

Além disso, para enfrentar os proliferadores, as empresas usam **marcas de combate** — marcas criadas especificamente para atacar o principal produto do concorrente. No final da década de 1980, por exemplo, a Purina lançou uma ração canina chamada Graaavy para se investir diretamente contra a Gravy Train da Quaker. A Purina usou a estratégia de criar uma marca suficientemente semelhante à de seu concorrente para gerar confusão na mente dos clientes. Além disso, a empresa atribuiu a algumas de suas rações caninas preços bem inferiores às da Quaker a fim de lhe dar um sinal para não se infiltrar ainda mais no segmento de rações caninas. **Limitar**, **afugentar** ou **liquidar** as ameaças pode ser extremamente essencial para manter e alocar recursos a mercados mais imprescindíveis ao sucesso da empresa.

Tire proveito da armadilha: suplante as ameaças

A última forma de enfrentar as ameaças de várias fontes de proliferação é usá-la a seu favor, suplantá-las com a sua própria proliferação, de uma maneira criativa. Para enfrentá-las, uma solução é encontrar espaços vazios no mapa ou se reposicionar, com o objetivo de criar novos segmentos de crescimento à medida que os antigos estiverem saturados.

Ocupe os espaços vazios

As empresas podem confrontar a proliferação identificando **espaços vazios** novos e incontestes. Por exemplo, os restaurantes conseguiram encontrar posições entre as refeições ligeiras (*fast-food*) e os jantares familiares informais na linha de preços previstos, como ilustrado na Figura 3.4.

Nesse caso, o benefício principal é a satisfação do cliente em relação à sua experiência no restaurante. A satisfação é criada associando-se o tipo de serviço recebido (balcão, em contraposição ao serviço *à la carte*), a qualidade da comida (comida padrão, em contraposição a refeições saudáveis ou feitas de acordo com o pedido do cliente) e a atmosfera criada. Outras melhorias geraram novas posições ao longo da linha de preços previstos. Por exemplo, além das novas posições na parte superior da linha exibida na Figura 3.4 (jantar de fim de semana), criaram-se posições entre os restaurantes *fast-food* e os familiares. Um pouco acima das cadeias de **serviço rápido** estão os restaurantes **familiares de baixo custo**, como o Cracker Barrel, IHOP e Denny's (alguns dos quais, antes lanchonetes, se repo-

FIGURA 3.4

Expansão para o meio da linha de preços previstos no setor de restaurantes

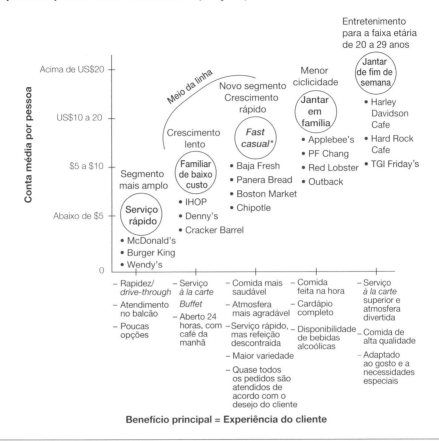

sicionaram). Em seguida, no início da década de 2000, surgiu um novo segmento entre os restaurantes familiares de baixo custo e os de jantar familiar, denominado *fast casual* (informal rápido), operados por empresas como a Baja Fresh, Panera Bread, Boston Market e Chipotle Mexican Grill. Essa posição intermediária concentrou-se em fatores como comidas mais saudáveis, atmosfera mais agradável e serviço rápido com refeições mais descontraídas, maior variedade e pratos não tão convencionais quanto os encontrados nos restaurantes *fast-food*.

É possível encontrar espaços vazios tendo uma visão mais clara do benefício principal que está sendo oferecido. O benefício principal normalmente é uma combinação de fatores, que podem ser recombinados ou alterados de diferentes

---

* Tipo de restaurante que não oferece serviço completo, mas oferece comida e ambiente de melhor qualidade do que os restaurantes *fast-food*. (N. da T.)

64
SUPERANDO AS ARMADILHAS DA COMODITIZAÇÃO

maneiras para encontrar um espaço vazio. Ao analisar cuidadosamente a combinação de fatores que criam a experiência dos clientes em diferentes tipos de restaurante, as empresas podem identificar espaços vazios na parte superior ou inferior da linha de preços previstos ou no meio.

Porém, como vimos no exemplo dos hotéis, esse espaço vazio ao longo da linha de preços previstos não permanece aberto por muito tempo. Se ele for atraente e houver poucos obstáculos à entrada, os concorrentes não demorarão muito para entrar — e a comoditização então recomeçará. A ocupação de um espaço vazio pode ser o início de uma estratégia de defesa mais ampla para criar um portfólio completo que funcione como obstáculo à entrada, ao preencher preventivamente todos os espaços ao longo da linha de preços previstos com marcas de bloqueio, tal como algumas das cadeias hoteleiras tentaram com a proliferação de novas marcas ao longo da linha de preços.

Crie novos segmentos

Se todos os espaços vazios na linha de preços previstos forem preenchidos, a única forma de vencer a proliferação é criar novos segmentos de clientes acima e abaixo da linha ou estender a linha, como vimos no exemplo dos hotéis de estada prolongada, com foco no estilo de vida e criados por estilistas. Para criar segmentos, é necessário jogar com diferentes benefícios secundários, visto que esses benefícios podem ser usados para atingir determinados grupos de clientes. Os segmentos-alvo em geral são nichos pequenos — observe as iniciativas do setor hoteleiro de sair da linha de preços ou de estendê-la —, mas essa não é necessariamente a realidade.

Os cassinos de Las Vegas usaram diferentes benefícios secundários para se defender da proliferação no mercado de apostas, criada por ameaças de novos concorrentes como Atlantic City, cassinos indígenas, cassinos em embarcações e outros espaços, bem como pela ascensão das loterias estaduais, das apostas e dos jogos de azar na Internet e dos sofisticados espaços para jogos na Europa, no Caribe, no Oriente Médio e na Ásia. Las Vegas criou novos segmentos de clientes ao deixar de oferecer apenas a experiência pura e básica de jogar, para abranger atividades de lazer nos fins de semana, férias familiares, *resorts* de alto nível e entretenimento adulto. Foram ondas sucessivas de novos serviços e atrações secundários sobrepostos ao seu benefício principal — a emoção proporcionada pelo risco e pela possibilidade de ficar rico.

Os hotéis de Las Vegas a princípio eram o ponto de destino para um conjunto diverso de apostadores. Como era a única cidade dos EUA em que os jogos de azar eram legalizados, qualquer pessoa que quisesse jogar dentro da lei tinha de se deslocar para Las Vegas. Jogadores de fim de semana, assalariados, viciados e em férias faziam parte da base de clientes da cidade. Contudo, novos grupos de concorrentes forçaram a Strip de Las Vegas a buscar novos segmentos de clientes que ainda não haviam sido considerados. Algumas formas encontradas por Las Vegas para identificar novos segmentos de clientes para se afastar da armadilha da proliferação foram:

- **Apostadores de Fim de Semana — Gângsteres Incorporados.** Os hotéis de Las Vegas a princípio eram um reduto para apostadores locais (principalmente da costa oeste) em viagem de fim de semana e atraía uma base de clientes formada por apostadores da classe trabalhadora ou da classe baixa e viciados, que gostavam da imagem de "criminoso" e da emoção proporcionada por uma associação relativamente segura com os gângsteres famosos que se encontravam em Las Vegas.

- **Entretenimento de Fim de Semana — *O Rat Pack* (Clã de Sinatra) Encontra-se com Elvis.** E então Las Vegas tornou-se um destino para um mercado mais amplo não apenas para apostas, mas também para férias, oferecendo entretenimento com o *Rat Pack*, Elvis e outras estrelas e astros. Las Vegas usou entretenimento, tarifas de hotel baratas e restaurantes baratos para atrair pessoas de lugares mais distantes. Casamentos feitos às pressas e divórcios foram também acrescentados ao *mix*, tornando Las Vegas **a capital mundial dos casamentos**. Mas se tornou também um lugar que sempre era visto com desconfiança em virtude do tipo de cliente, que era atraído para a cidade para uma relação temporária e para ganhar dinheiro rápido.

- **Férias Familiares e Convenções — Vegas, Vegas, Vegas!** Quando os cassinos de Atlantic City entraram no mercado, drenando os apostadores da costa leste em busca da mesma experiência de férias e entretenimento baratos, Las Vegas deu uma polida em sua imagem. Os hotéis da cidade tornaram-se um destino para as famílias, com *megaresorts* completos (com atrações como vulcões artificiais, parques aquáticos, navios piratas, zoológicos, montanhas-russas, pirâmides e espetáculos circenses) para atrair toda a família em férias e encher a cidade de participantes de convenções.

- **Viajantes Sofisticados em Férias e Frequentadores de *Resorts* — Euro Vegas.** Quando os cassinos indígenas e de embarcações entraram no mercado, eles tornaram as apostas de fim de semana acessíveis em determinadas regiões — atraindo, com frequência, apostadores comedidos, da classe trabalhadora e aposentados. Em resposta, Las Vegas abriu o mercado para apostadores mais sofisticados com *resorts* como os hotéis Paris, Venetian e Bellagio, que ofereciam coleções de arte multimilionárias ou uma atmosfera europeia exclusiva e restaurantes e lojas caras. Essa experiência foi concebida para ser semelhante a uma viagem a Mônaco ou à Riviera Francesa, mas sem passaporte. O foco passou a ser atender aos apostadores perdulários (*high roller*) e às suas necessidades, como a cortesia de ingressos para concertos ou espetáculos, quartos ou refeições, criado particular, serviços de camareira ou de chofer e quartos especiais.

- **Entretenimento Adulto — O Que Acontece em Las Vegas Fica em Las Vegas!** Quando as apostas pela Internet e os cassinos caros na Ásia e no Oriente Médio aproximaram-se do mercado, a Strip de Las Vegas abriu inúmeros novos segmentos que antes haviam sido deixados para os cassinos malcuidados fora do perímetro urbano ou da área principal da Strip. Contrapondo-se à alta tecnologia, enfatizou-se o alto contato humano, com foco na experiência e nos espetáculos que não poderiam ser vivenciados pela Internet ou em locais mais puritanos no exterior. Las Vegas recorreu a um entretenimento mais adulto, como mais *shows* eróticos e números picantes em clubes noturnos. Alguns hotéis pagavam mulheres para que ficassem à beira da piscina em *topless*. Os piratas da ilha do Tesouro foram substituídos pelas sereias da ilha, parcamente vestidas. E, de acordo com algumas reportagens, alguns hotéis estão se esforçando para legalizar a prostituição no perímetro de Las Vegas. O objetivo dessa nova iniciativa é atingir pais e mães cujos filhos já saíram de casa e estão procurando uma forma de viver intensamente e de se sentir jovem novamente.[12]

Nesse meio-tempo, outros cassinos tentaram cultivar e fomentar segmentos antes ignorados. Por exemplo, tratamento preferencial para os apostadores perdulários (como filas menores nos restaurantes e acesso a espetáculos) era comum na década de 2000. Por isso, ficava cada vez mais difícil atingir esses "baleias" (*whales*), termo usado no setor em referência aos apostadores perdulários. Por isso, o Harrah's lançou o Total Rewards Program, identificando clientes abastados que **não** eram apostadores perdulários — os visitantes frequentes mais comedidos mas que gastam regularmente. Em 2003, o Harrah's estendeu esse programa para possibilitar que os clientes transferissem pontos de um ano para outro. Assim, o apostador periódico seria reconhecido por seu valor vitalício para o cassino. Em consequência disso, a participação do Harrah's na carteira de apostas de seus clientes aumentou de 36% em 1998 para 43% em 2003. O novo benefício oferecido pelo Harrah's não estava mais fundamentado apenas na experiência dentro do cassino, mas em um **relacionamento** contínuo com o cassino.

Todas as medidas descritas anteriormente ajudaram Las Vegas a atingir ou a criar novos segmentos de clientes e suplantar a concorrência dos proliferadores que haviam entrado no mercado. Esse processo contribuiu para que a cidade se defendesse de forma primorosa das ameaças de uma sucessão de proliferadores que estavam invadindo seu território e mantivesse sua posição como um dos maiores destinos do mundo para férias e convenções.

Às vezes, é possível identificar novos segmentos por meio de uma análise de escoamento, buscando não-usuários do produto ou serviço e identificando oportunidades para atrair clientes nesses segmentos. A empresa pode aumentar a percepção do cliente ou superar obstáculos, como crenças e preferências, decisões de compra e problemas de *design* do produto, que possam torná-lo menos atraente ao segmento. Além disso, as empresas podem usar esse tipo de análise com os usuários atuais para identificar soluções que os estimulem a utilizar mais o produto.

Algumas vezes, não é suficiente usar benefícios secundários para abrir novos segmentos. Algumas empresas precisam reconceituar todo o mercado redefinindo o benefício principal oferecido. Por exemplo, as empresas farmacêuticas costumavam vender os medicamentos diretamente para os médicos. Porém, hoje, elas estão vendendo os medicamentos, cada vez mais, para companhias de seguro, cadeias farmacêuticas e diretamente para os consumidores finais, visto que o poder desses outros clientes aumentou no decorrer das últimas duas décadas. O benefício principal procurado por esses segmentos de clientes é diferente.

Por exemplo, os médicos estão mais interessados na eficácia e em evitar ações judiciais decorrentes de contestações contra efeitos colaterais, ao passo que as seguradoras, a fim de diminuir seus custos futuros, ao escolher seu receituário levam em conta a economia de custos proporcionada pela prevenção de futuras doenças e complicações medicamentosas. As cadeias farmacêuticas estão interessadas no volume de descontos e no gerenciamento de estoques *just-in-time* ("na hora certa"), enquanto o desejo da maioria dos pacientes é pura e simplesmente curar suas doenças a qualquer preço, porque quem está pagando em geral é outra pessoa.

Em todos os casos, ao mudar o foco para um novo segmento de clientes, a empresa foi obrigada a desenvolver novas competências para oferecer o novo benefício principal que atenderia a esse segmento. Além disso, quando se cria um novo segmento com base em um benefício principal totalmente novo, a análise de custo-benefício em geral mostra que a proliferação diminui porque a maioria das empresas não tem as novas competências necessárias para oferecer o novo benefício principal. Portanto, pela lente do novo segmento de clientes, a maioria dos benefícios não apresenta diferenciação alguma. Esse tipo de redefinição pode em algum momento reajustar o processo de comoditização, colocando-a novamente no marco de largada.

68
SUPERANDO AS ARMADILHAS DA COMODITIZAÇÃO

Escolha uma estratégia de gerenciamento de ameaças

William S. Knudsen, ex-presidente e *chairman* da General Motors, uma vez disse o seguinte: "Nos negócios, a concorrência pode lhe dar uma abocanhada se você continuar correndo; se ficar parado, ela o engolirá." Paradoxalmente, no caso da General Motors, seus futuros dirigentes parecem não se lembrar desse recado. Com a quase falência da General Motors, a história o ressuscitou, quando concorrentes como a Toyota e outras empresas estrangeiras transformaram o setor de automóveis dos EUA, primeiro concentrando-se na economia de combustível e, mais recentemente, nos produtos que respeitam o meio ambiente, como os carros híbridos. A proliferação pode ser usada para suplantar e evitar as ameaças. Porém, além disso, como vimos no setor hoteleiro, de cassinos e de automóveis, a proliferação não para de criar novas ameaças para os concorrentes. O gerenciamento de ameaças é um processo contínuo.

A escolha de uma estratégia específica para gerenciar as ameaças e enfrentar a proliferação depende de um intrincado equilíbrio entre ambições, recursos e o nível de ameaça que a empresa está sofrendo. Suas ambições quanto ao seu tamanho, escopo e crescimento são compelidas por seus recursos físicos, humanos e intangíveis, que são finitos, e pelas ameaças externas, cujo perigo e cuidado são variáveis. As empresas em que o número e a severidade das ameaças é menor e que têm uma abundância de recursos podem perseguir ambições maiores, desenvolver portfólios mais amplos, fragmentar-se em unidades especializadas e liquidar todas as ameaças antes de perderem o controle sobre elas. Contudo, quando os recursos são limitados, em comparação com as necessidades criadas pelas ameaças, as empresas procuram evitar as ameaças e diminuir suas ambições concentrando-se em uma delas ou enfrentando-as sequencialmente. Ou então podem recorrer a estratégias de confrontação que utilizem menos recursos, como aquela que emprega a abordagem indiferenciada, lidando com as ameaças sequencialmente e detendo ou declarando paz para algumas a fim de enfrentar outras.

A violência dos concorrentes que estão proliferando também influi nessa escolha. Talvez seja necessário eliminar as ameaças sequencialmente, se um ou dois proliferadores temerários ameaçarem seriamente as principais posições da empresa. Além disso, se a proliferação for muito violenta e difícil de ser interrompida, talvez seja preciso evitá-la (suplantá-la).

É fundamental lembrar-se de que os recursos da empresa podem restringir inúmeras estratégias de enfrentamento da proliferação, e a viabilidade para desenvolver produtos que atendam a novos segmentos pode ser uma restrição decisiva. Para cada novo segmento baseado em um tipo diferente de benefício principal ou secundário, os gestores devem fazer as seguintes perguntas:

- Quais obstáculos deverão ser superados dentro da minha empresa?

- Que dilemas entre custos e benefícios devem ser superados?

- Minha empresa pode desenvolver ou adquirir as competências essenciais para oferecer a proposição de valor (benefícios e preço) necessária para o novo segmento?

- Quais conhecimentos sobre clientes e tecnologias minha empresa precisa obter para atender a esse novo segmento?

Normalmente, quando você responde essas perguntas, não encontra nenhum espaço vazio viável. Se não houver espaço vazio, a empresa não terá outra opção, a não ser agir e lutar.

O raciocínio para equilibrar recursos e ameaças difere significativamente entre as empresas de maior e menor porte. Para as empresas de maior porte que estão procurando liderança em seu setor, normalmente esse raciocínio segue três regras gerais:

- **Maximizar as ambições**. Em geral, o desejo das empresas que estão procurando se tornar líderes em seu setor é que seu porte e escopo consigam o maior alcance e controle sobre a maior parte do mercado, desde que isso seja lucrativo. Esse amplo alcance é inerente em qualquer tentativa que se empreenda para combater inúmeras ameaças e ocupar o máximo de espaços vazios que estão se desenvolvendo.

- **Maximizar a eficácia da utilização de recursos**. Para não comprometer suas ambições, os líderes do setor tentam usar seus recursos da melhor forma possível. Eles minimizam o custo necessário para controlar o mercado como um todo eliminando habilmente ou se antecipando à maior parte dos proliferadores temerários, na maioria dos segmentos cobiçados.

- **Minimizar a necessidade de utilizar recursos próprios**. Para não diminuir suas ambições, os líderes do setor também tentam minimizar a necessidade de recursos. Eles evitam, colaboram com e associam-se aos proliferadores presentes nos segmentos menos cobiçados e tentam encontrar estratégias ofensivas mais baratas e mais adequadas — afugentando ou absorvendo os concorrentes antes que eles consumam demasiada energia da empresa em batalhas competitivas improdutivas.

Para empresas de menor porte de um determinado setor, é comum haver um desequilíbrio entre as **ambições**, os **recursos** e as **ameaças**. Se esse for o caso, normalmente a empresa precisará decidir de que forma reequilibrará esses fatores. Os seguintes princípios se aplicam:

70
SUPERANDO AS ARMADILHAS DA COMODITIZAÇÃO

1º) **Destine os recursos para as áreas em que eles são mais indispensáveis.** Não deixe de examinar as ameaças mais graves aos mercados mais importantes. Evite a ameaça se não tiver recursos para eliminá-la e destine recursos para as áreas em que os proliferadores estiverem mordendo mais forte, se você tiver capacidade para vencer a batalha. A empresa em que os recursos escoam para a principal posição tem mais recursos no centro. Porém, ao enfrentar a ameaça, mata de fome suas áreas periféricas e suas novas posições. Uma alternativa é fazer com que os recursos escoem da área central, para apoiar as áreas novas e periféricas. Dessa maneira, a empresa cria uma drenagem significativa em seu mercado principal e em sua capacidade de combater os concorrentes dentro e ao redor desse mercado.

2º) **Restrinja suas ambições.** Quando as ameaças são muito grandes e os conflitos com relação aos seus parcos recursos são insolúveis, evite estender-se além de seus limites aparando o escopo de sua empresa e concentrando-se nos recursos das posições mais críticas do portfólio.

3º) **Mude as necessidades de recursos em diferentes partes do portfólio.** Se bem executada, a estruturação do portfólio de produtos ou marcas da empresa pode diminuir a necessidade de recursos, reduzir as ameaças e aumentar a eficácia da utilização de recursos. Por exemplo, é possível alcançar ou criar novas posições para gerar recursos para os produtos principais. A empresa pode ocupar posições de bloqueio, que funcionam como amortecedores, protegendo suas principais posições no mapa de custo-benefício. Dessa maneira, ela pode evitar uma batalha sanguinária para defender essas posições. Se a empresa criar posições de custo-benefício próximas ou dentro das posições principais dos concorrentes, que funcionam como investidas, artimanhas e ataques simulados esporádicos — e se lutar com prudência —, ela pode enfraquecer ou manter esses concorrentes acuados.

Oscilações na saúde da economia global também fazem grande diferença. Quando a economia azeda, a demanda muda para a parte inferior da linha de preços (embora os mais abastados, exceto nos períodos retração econômica mais sérios, permaneçam intactos e a extremidade sofisticada da linha de preços mantenha-se igualmente intacta). Portanto, as empresas posicionadas na área média ou média-superior da linha de preços podem ser prejudicadas, ao passo que as que estão na parte inferior talvez sejam beneficiadas. Isso forçará os produtores que se encontram nas posições média e média-superior a baixar os preços, e a parte inferior será capaz de elevar os preços à medida que a demanda aumentar.

Consequentemente, haverá uma nivelação na inclinação das linhas de preços previstos para várias empresas, nas posições inferior, média e média-superior ao longo da linha, à proporção que essa pressão sobre os preços propagar-se.

Por exemplo, como discutido antes, com a escassez de quartos de hotel em 2006 e 2007, houve uma acentuada elevação nos preços (que elevou a linha de preços previstos para todas as empresas desse setor) e isso foi um convite para que as empresas experimentassem novas marcas e se reposicionassem. Essa escassez de quartos foi impulsionada por um mercado imobiliário bastante favorável. Contudo, como o mercado imobiliário foi solapado em nossa recente recessão econômica, supõe-se que esses preços retrocedam. Isso poderia remodelar o setor como um todo ao refrear o atual nível de experimentação, abrindo caminho para que haja alguma consolidação dessas posições. O ritmo dessas mudanças pode ser avaliado observando-se a inclinação e a interseção variável da linha de preços previstos. Isso permite que as empresas observem e prevejam em que ritmo elas e seus concorrentes podem mudar os preços no mercado.

As oportunidades também afetam a escolha das estratégias de gerenciamento de ameaças. Quando a análise de custo-benefício indica que existem segmentos em que a competitividade é bem menos intensa, é possível mudar para posições menos intensas. Entretanto, se as posições existentes estiverem saturadas, é aconselhável ocupar os espaços vazios acima, abaixo e ao longo da linha de preços previstos, uma medida em geral menos arriscada. Quando esses espaços vazios parecem grandes e altamente lucrativos, as empresas se sentem tentadas a buscar experiências mais arriscadas que possam criar novos segmentos acima e abaixo da linha de preços previstos ou abrir mercados totalmente novos, fundados nos segmentos que exigem um novo benefício principal. Como mencionado, a depressão econômica provoca a evaporação da demanda, o que geralmente diminui a **proliferação** — mas **aumenta** a **deterioração** e a **escalada**.

Quando a empresa se livra da armadilha da proliferação, deve ir mais além dos tradicionais processos de alocação de recursos e orçamentários empregados pela maioria das empresas. O gerenciamento de ameaças deve ser integrado nesses processos. Em última análise, para manter o sucesso, os gestores terão de conseguir reconhecer as ameaças e compreender a relação entre os recursos que foram usados em demasia e as ambições da empresa. O raciocínio financeiro da alocação de recursos (que utiliza o cálculo da taxa interna de retorno e do valor presente líquido) não é suficiente para solucionar o contínuo desafio que é manter o equilíbrio. E o raciocínio financeiro da análise de portfólio usada nos processos orçamentários (como aquelas baseadas nas matrizes do Boston Consulting Group que transforma vacas-leiteiras em estrelas ascendentes) é igualmente inadequado para confrontar a armadilha da proliferação. Somente se você reequilibrar as ambições

72
SUPERANDO AS ARMADILHAS DA COMODITIZAÇÃO

e ameaças de forma que elas se ajustem aos seus recursos ou encontrar soluções para ampliá-los ainda mais é que poderá repelir os proliferadores sem comprometer suas ambições de crescimento e lucratividade.

Quando o gênio da proliferação já está fora da garrafa, em geral não adianta recolocar a rolha. Em junho de 2007, a rede Marriott anunciou seus planos de juntar forças com Ian Schrager, empreendedor considerado o precursor do conceito de **hotel-butique** (como o Royalton) mais de duas décadas antes, para criar "em grande escala o primeiro hotel-butique de marca verdadeiramente internacional com foco no estilo de vida". A proliferação de adjetivos usados para descrever esse novo produto indica como é complexo demarcar posições no atual mercado hoteleiro. Já se foram os dias em que as posições eram tão distintas e brilhantes quanto os letreiros do Holiday Inn. Ao lançar a nova cadeia de hotéis-butique, J. W. Marriott Jr., *chairman* e diretor executivo da cadeia Marriott, fez o seguinte comentário: "Esperamos que essa marca estabeleça um padrão de referência para as próximas décadas."[13] Embora declarações como essa normalmente contenham exageros linguísticos, é improvável que essa afirmação seja verdadeira. Mesmo se a Marriott conseguir estabelecer uma nova posição que ajude a empresa a escapar da armadilha da proliferação, não demorará muito para que algum concorrente a imite ou anuncie que está estabelecendo um novo padrão de referência, novamente remodelando as posições no mapa.

Se for pego desprevenido na armadilha da proliferação, você deve se lembrar de que "há frentes de batalha em todos os cantos", como aquela velha máxima que diz que "a guerrilha continua". Mas quatro grandes gênios militares oferecem os princípios básicos norteadores da luta em várias frentes:

- *Antoine-Henri Jomini*: "O destacamento de defesa não deve dividir demasiadamente suas forças tentando cobrir todas as frentes."

- *Frederico, o Grande*: "Entre dois oponentes, o primeiro que adota uma postura defensiva quase sempre força o segundo a tomar a defensiva e o faz agir de acordo com seus movimentos."

- *Sun Tzu*: "Será vitorioso aquele que souber quando lutar e quando não lutar."

- *Napoleão Bonaparte*: "Não devemos lutar com demasiada frequência contra um inimigo, pois assim ensinaremos a ele toda a nossa arte de guerra."

A maioria das empresas não consegue combater todos, em todos os lugares, o tempo todo. Elas devem escolher, suplantar e dominar as ameaças para tentar estreitar as frentes de batalha. Devem também estreitar essas frentes para usar seus recursos sabiamente e preservá-los por meio de um ataque unificado ou então criar massa crítica por meio de aquisições e fusões.

CAPÍTULO 4

A armadilha da escalada
Como controlar o ímpeto de escalada daqueles que ostentam superioridade

Escalada é o que ocorre quando as empresas se apegam a uma postura de **ostentação de superioridade** — cada uma tenta, a seu modo, suplantar os adversários oferecendo aos clientes mais benefícios ao mesmo preço ou a preços mais baixos. Os clientes obtêm mais e mais valor pelo seu dinheiro e as empresas perdem margens de lucro. Essa é a armadilha da escalada (consulte a Tabela 4.1). O dilema é que nenhuma delas pode se dar o direito de ser o primeiro a vacilar. Os gestores que enfrentam a escalada não podem ficar parados, pois assim perderiam participação de mercado para seus concorrentes. Entretanto, as empresas que se envolvem nessa armadilha provocam guerras de preço e benefício que diminuem as suas margens de lucro e a lucratividade.

Os sinais de perigo da armadilha da escalada são:

- Você se sente encarcerado em uma corrida armamentista contra os concorrentes, acrescentando constantemente novos recursos e benefícios e abaixando os preços apenas para não ficar atrás.

- Um dos concorrentes está lucrando ao provocar a escalada de benefícios e a diminuição dos custos antes da queda de preço e enquanto isso você se sente aprisionado a um jogo de pega-pega nada lucrativo.

74
SUPERANDO AS ARMADILHAS DA COMODITIZAÇÃO

- De tempos em tempos, você percebe que o benefício principal — o que estimulava os clientes no passado — está sendo admitido como algo inerente no presente e não será mais do que um lance de entrada no futuro.

- Seus clientes têm poder para exigir constantemente mais por menos dinheiro.

TABELA 4.1
Resumo do Capítulo 4: a armadilha da escalada

	Escalada **↓ Custo ↑ Benefícios**
Descrição **As causas**	**Escalada**: Mais benefícios por um preço igual ou inferior. Os concorrentes fazem manobras para oferecer um valor maior aos clientes impulsionando a concorrência para o lado direito superior do mapa de custo-benefício.
Dilemas **Os desafios**	A concorrência de custo-benefício pode ser cara, mas nenhuma empresa pode se dar ao luxo de ser a primeira a vacilar e pôr fim ao jogo de ostentação de superioridade.
Sintomas **Como identificá-los**	• Você se vê em uma corrida armamentista. • O jogo de equiparação (pega-pega) é constante. • A vantagem competitiva do passado são os lances de entrada do presente. • Os clientes exigem mais por menos.
Soluções **As estratégias**	**Controlando o ímpeto** Controlar o deslocamento dos produtos para o lado do baixo custo–alto benefício do mapa de custo-benefício.
Escape da armadilha	**Redimensione** o ímpeto.
Destrua a armadilha	**Reverta** o ímpeto.
Tire proveito da armadilha	**Aproveite** o ímpeto.

Do mesmo modo que na deterioração, a retração econômica tende a ampliar os efeitos da escalada. À medida que a demanda evapora, os clientes tornam-se mais poderosos, exigindo mais por menos. Felizmente, existem saídas.

DOCE AMARGO: A ESCALADA AZEDA O MERCADO DE ADOÇANTES ARTIFICIAIS

Podemos ver a armadilha da escalada em ação no mercado de adoçantes artificiais. A introdução da sacarina em 1957 abriu caminho para a utilização de produtos como o Sweet'N Low nos cafezinhos. E abriu caminho também para a concorrência no mercado de produtos de baixa caloria para substituir o açúcar. Por meio de uma série de inovações, os concorrentes adoçaram suas proposições de valor para melhorar o benefício principal (adoçantes sem sabor residual amargo) e baixar os preços. A marca Sweet'N Low evocava mais do que o produto em si.

A armadilha da escalada

Além do benefício principal — a capacidade de adoçar —, os adoçantes artificiais mais recentes acrescentaram novos benefícios secundários que afetavam os preços, como nutrição (especialmente menor teor calórico) e flexibilidade de uso. Como esses novos adoçantes têm diferentes níveis de estabilidade ao calor e prazos de validade, os fabricantes ganharam maior flexibilidade para usá-los em diversos produtos, de bebidas carbonadas a alimentos assados.

A princípio, a sacarina predominou — principalmente depois que os ciclamatos foram retirados do mercado por motivos de segurança. Em seguida, em 1981, o aspartame foi introduzido com as marcas NutraSweet e Equal. O aspartame foi usado com os mesmos propósitos da sacarina, mas foi percebido pelos consumidores como um produto de qualidade superior e por isso foi adotado na Diet Coke e Diet Pepsi logo após sua introdução no mercado. Embora o aspartame não fosse tão doce quanto a sacarina, ganhou ampla aceitação por sua segurança e atributos de sabor consideravelmente melhores.

Várias outras inovações se seguiram. A primeira mudança nessa linha ocorreu em 1988, com a introdução do acesulfame de potássio (acesulfame-K ou Ace-K), com as marcas Sweet One e Sunnett. Embora esse produto tenha entrado com um preço estabelecido inferior, era ligeiramente mais doce do que o aspartame e oferecia benefícios secundários superiores, como melhores atributos nutritivos e maior flexibilidade.

FIGURA 4.1

Escalada no mercado de adoçantes artificiais**

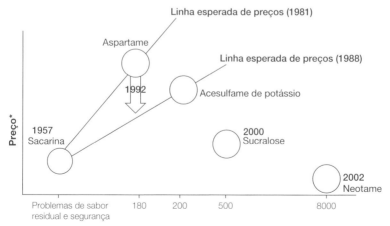

* Preço = preço de varejo de uma quantidade de adoçante equivalente ao açúcar.
** Não está em escala.

Por isso, os produtos que levavam aspartame foram forçados a abaixar seus preços para se adequar às regras de jogo da nova concorrência. O NutraSweet abaixou seu preço gradativamente, de 90 dólares por libra (aproximadamente 455 gramas) em 1983 para 30 dólares por libra em 1992. Portanto, esse três produtos —sacarina, o menor preço do aspartame e o acesulfame de potássio — configuraram uma linha de preços previstos com uma inclinação positiva. A sacarina mantinha-se na extremidade de custo baixo e baixo poder adoçante e o acesulfame de potássio na extremidade superior (consulte a Figura 4.1).

Mas tudo isso mudou em 2000. Mesmo que o aspartame ainda detenha 62% do mercado de adoçantes de alta intensidade, sua patente expirou no final da década de 1990, e a sucralose foi introduzida em 2000 (com a marca Splenda). Ela era bem mais doce do que o aspartame e oferecia também melhor sabor, segurança e estabilidade ao calor. Por isso, podia ser usada em várias outras aplicações, como em alimentos assados. Não obstante seu benefício principal e também secundários, o Splenda foi introduzido no mercado com um preço menor. Os produtos de qualidade mais antigos e mais caros permaneceram no mercado em virtude dos custos de troca — isso foi especialmente verdade no caso das grandes empresas de bebidas, que não queriam correr o risco de mudar suas fórmulas com medo provocar reações negativas nos clientes. No entanto, por volta de 2004, a sucralose tomou 48% do mercado dos adoçantes de mesa de alta intensidade e passou a ser utilizada em vários outros produtos. Isso deu origem a uma linha de preços previstos negativa. Nesse caso, alguns compradores pagam realmente mais por menos, uma anomalia provocada pelos custos de troca.

Encontrando o ponto ideal

Os fabricantes de aspartame conseguem obter vantagem com seus preços elevados desde que consigam gerar lucros e intensificar a batalha de custo-benefício financiando o desenvolvimento de novos produtos que os conduzam à posição máxima do valor de barganha (alto poder adoçante, preço muito baixo). Esses novos produtos incluem o neotame (oito mil vezes mais doce do que o açúcar) para alimentos assados e produtos fermentados, bem como uma mistura de aspartame e acesulfame de potássio (com a marca Twinsweet) que obtém um sabor semelhante ao do açúcar quando usada com um xarope de milho rico em frutose.

Como nesse mercado o padrão de escalada dos benefícios a preços mais baixos continua se repetindo, os concorrentes estão tentando escapar desse ciclo antes de atingir o fundo do poço, na posição de baixo custo–alto benefício — o **"valor supremo"** aos olhos dos clientes. De acordo com minha pesquisa, as principais soluções para a armadilha da escalada são: **controlar o ímpeto, conter o avanço dessa escalada competitiva** e **redimensionar o ímpeto**.

Os fabricantes de adoçantes, por exemplo, estão tentando redimensionar o ímpeto. Algumas empresas estão mudando o benefício principal, do poder adoçante (uma característica do produto) à criação de soluções para a indústria alimentícia. Por exemplo, criar misturas e novos adoçantes que possibilitem que a indústria alimentícia ofereça produtos assados, com baixo teor de carboidratos e longo prazo de validade, que antes eram impossíveis ou não muito saborosos.[1] Além disso, as empresas estão buscando outras soluções, como aditivos nutrientes e com sabor, que lhes permitam oferecer um conjunto mais amplo de soluções para a indústria alimentícia desenvolver novos produtos.

A PRIMO EM LUTA CONTRA A ARMADILHA DA ESCALADA

Diante disso, o que os gestores pegos na armadilha da escalada podem fazer a respeito? O primeiro passo é perceber que você está na armadilha. Se não descobrir a maneira segundo a qual deve lidar com essa luta contra a ostentação de superioridade, estará fadado ficar preso em uma corrida armamentista infindável e infrutífera.

A Primo, divisão de US$ 1 bilhão de uma empresa norte-americana listada na *Fortune* 500, parecia estar em uma ótima posição quando comecei a trabalhar com os diretores de lá em 1997.[2] Era a líder de mercado nesse setor, por utilizar material de alta tecnologia em componentes comprados por inúmeros consumidores, empresas e fabricantes de eletrônicos industriais. Contudo, uma ameaça invisível e não reconhecida estava à espreita: a Primo estava enfrentando uma **comoditização**. A acirrada concorrência internacional diminuiu os preços e aumentou os benefícios oferecidos aos clientes. Parte da equipe executiva da Primo recusava-se a enxergar e parte sentia-se fisicamente incapacitada por não ter uma visão precisa do mercado. Trabalhando em conjunto, procuramos compreender de que forma as posições de custo-benefício estavam evoluindo naquele setor. A Primo acabou usando nossas constatações para virar o jogo contra seus concorrentes.

A determinação de preço da Primo

A história da Primo é salutar. A empresa oferecia um produto diferenciado por um preço elevado cujo desempenho era melhor em comparação com os produtos de seus principais concorrentes — inclusive os da empresa norte-americana Neutryno e dois concorrentes japoneses: TokyoTech e Samur-Ion. Para ganhar participação de mercado, a princípio os concorrentes se diferenciaram. Alguns se gabavam de que seus produtos apresentavam menos defeitos, outros de oferecer vários tamanhos e matérias-primas sob medida para aplicações específicas. E em seguida essas características tornavam-se convencionais. Todos ofereciam um material semelhante que raramente apresentava defeitos e era útil para todos os tamanhos e principais propósitos. Consequentemente, esses atributos deixaram de ditar o preço.

A pressão sobre os preço intensificou-se, visto que os benefícios anteriores dos produtos foram comoditizados, mas a Primo ainda assim imaginava que estivesse em boa situação. Afinal de contas, ela dominava a extremidade superior da linha de preços — a matéria-prima com o melhor desempenho do mercado e a mais lucrativa do segmento naquele momento. Embora a Primo tivesse a maior participação de mercado, os dirigentes sabiam que os concorrentes estavam se mobilizando para aumentar os benefícios e reduzir os custos. O que eles não tinham ideia era da rapidez de escalada dessa concorrência e o que isso poderia significar para a Primo. Recorrendo a dados históricos, eu e os diretores projetamos a trajetória dos concorrentes ao longo dos dois anos seguintes. Isso nos levou a uma constatação importante: as tendências acabariam dando aos concorrentes da Primo uma participação de mercado consideravelmente maior porque em breve eles ofereceriam **mais por menos** nos segmentos inferior e médio do mercado.

Os dirigentes da Primo estavam extremamente preocupados. O que poderia acontecer ao setor se essa trajetória continuasse?, perguntei a eles. Como a Primo não podia congelar o setor, o que ela poderia fazer a esse respeito?

Quando os dirigentes da Primo examinaram a previsão das trajetórias históricas, perceberam que o quadro não era tão bom assim. Segundo suas estimativas, em dois anos seria estabelecida uma **nova** linha de preços previstos. Com o surgimento dessa nova linha, na melhor das hipóteses, a Primo só conseguiria manter sua atual posição na extremidade superior da linha e reter sua atual participação de mercado com a lealdade dos clientes. Mas os clientes eram instáveis. Portanto, o cenário mais provável para a Primo perder participação de mercado na posição superior em relação aos concorrentes inferiores, por dois motivos:

- **A isca do valor superior**. As tendências mostravam que os concorrentes inferiores elevariam o valor oferecido aos clientes em relação ao produto superior da Primo. A inclinação projetada da linha de preços estava ficando acentuada — e isso significava que a relação custo-benefício estava aumentando na extremidade inferior da linha.

- **A inércia do valor satisfatório**. Visto que a parte inferior projetada não era tão inferior quanto havia sido dois anos antes (os concorrentes inferiores estavam subindo de mansinho), a Primo conseguiu prever a erosão de sua participação de mercado se os clientes estivessem inclinados a se conformar com um benefício satisfatório a um preço inferior.

Essa escalada apresentou um dilema para a Primo: como sua participação de mercado era a maior, tinha mais a perder com as reduções de preço. Mesmo se mantivesse sua posição na parte superior da linha, sem perder participação de mercado, a empresa provavelmente testemunharia à erosão de suas margens de lucro porque teria de oferecer produtos sofisticados a preços inferiores aos praticados dois anos antes. Contudo, se não agisse, poderia perder participação de mercado rapidamente e com o tempo seria obrigada a ceder sua posição de liderança. A Primo não podia arcar com o custo de não se mexer, mas também não podia simplesmente seguir seus concorrentes. Os dirigentes da empresa estavam preocupados: **será que eles conseguiriam escapar dessa armadilha?**

Tomando a dianteira

Os dirigentes da Primo desenvolveram um plano para abrir caminho, suplantar e agir antes de seus concorrentes. Em vez de interromper a escalada, eles decidiram encabeçá-la. Primeiro, a Primo deslocou-se para o segmento superior, forçando a linha de preços previstos para um nível de benefício principal mais alto e para um nível preço ligeiramente inferior. Para isso, a empresa aumentou os investimentos em P&D, o que lhe permitiria criar várias inovações de processo e produto e, por conseguinte, diminuir os custos de fabricação e melhorar o desempenho do

FIGURA 4.2
A Primo assume o comando ao estabelecer o ritmo da escalada

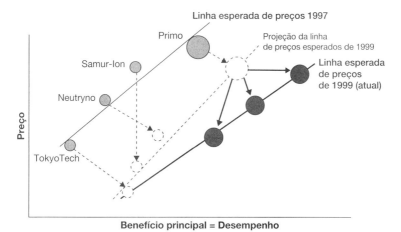

Índice de preços = preço por unidade de desempenho. O tamanho do círculo cinza corresponde a participação no mercado e posição reais em 1997; os círculos pontilhados são as posições projetadas de 1999; os círculos pretos representam a posição e participação reais da Primo em 1999 e 2000.

SUPERANDO AS ARMADILHAS DA COMODITIZAÇÃO

produto. Além disso, a Primo dividiu sua posição no segmento superior em três produtos, para que parte dos clientes que estivessem procurando um benefício intermediário pudesse obter um produto melhor e abandonar os produtos dos concorrentes e para que os clientes no segmento mais sofisticado fossem motivados a manter sua lealdade, por um tempo um pouco maior, aos produtos de preços mais elevados. De um modo geral, as margens de lucro da Primo não sofreram tanta erosão porque essas medidas se contrabalançaram (consulte a Figura 4.2).

Os concorrentes da Primo foram pegos de surpresa. Eles foram obrigados a continuar reduzindo seus custos e a melhorar o desempenho com os preços que costumavam praticar, mas as medidas da Primo inclinaram a linha de preços previstos a seu favor. Essa linha de preços mais nivelada significava que os produtos sofisticados agora ofereciam um valor superior aos clientes (isto é, uma relação melhor de custo-desempenho) em relação aos produtos inferiores. Por isso, a Primo ganhou participação de mercado em comparação com esses produtos inferiores, mais do que compensando a pequena perda que sofreu em suas margens de lucro. Seu concorrente norte-americano, a Neutryno, foi atingido em cheio. Seu produto de nível médio foi praticamente eliminado pelo produto de nível médio, de maior desempenho e mais barato da Primo.

Essa estratégia produziu outro benefício. Como a Primo havia abaixado o preço e melhorado o desempenho do produto, a demanda aumentou. Seus produtos eram mais acessíveis. Portanto, houve uma ampliação de sua base de clientes e da utilização do produto. Mas isso não era suficiente para a Primo. Utilizando a

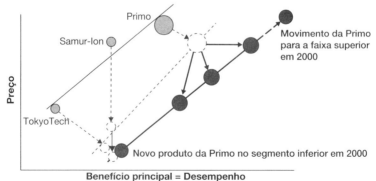

FIGURA 4.3
A Primo ataca o segmento inferior e posições futuras no segmento superior

Índice de preços = preço por unidade de desempenho. Tamanho do círculo cinza corresponde a participação no mercado e posição reais de 1997; os círculos pontilhados são as posições projetadas de 1999; os círculos pretos representam a posição e participação reais da Primo em 1999 e 2000.

receita proveniente de sua linha sofisticada, a empresa fez investimentos para agir mais agressivamente contra seus concorrentes. Em 2000, a Primo interrompeu a trajetória de seus rivais deslocando sua linha de preços previstos para uma posição de baixo custo no segmento básico do mercado (consulte a Figura 4.3).

Ao tomar essa medida, a empresa impediu que os concorrentes japoneses comoditizassem ainda mais o mercado, enfraquecendo ambos os concorrentes e deixando-os sem os recursos de P&D necessários para continuar travando uma luta páreo a páreo na área direita inferior do mapa. Isso arrefeceu a escalada por alguns anos, deixou os japoneses encurralados em um segmento indesejável do mercado e por fim forçou a norte-americana Neutryno a sair do mercado. Além disso, deu tempo para que a Primo iniciasse seu movimento seguinte.

A Primo não ficou parada. Ela aproveitou o ímpeto para investir em P&D e lançar um produto novo e sofisticado no final de 2000, para ser usado em componentes de vanguarda que seriam a mola-mestra da próxima geração de produtos que entrariam no mercado. A Primo diminuiu o preço de seu produto mais sofisticado de 2001 a 2004 à proporção que ganhava experiência e economias de escala na produção, deslocando o produto de um nicho sofisticado para um nicho de produto de produção em massa. Por fim, em 2004, a Primo maximizou sua linha

FIGURA 4.4
Monopolizando o mercado, 2001-2005

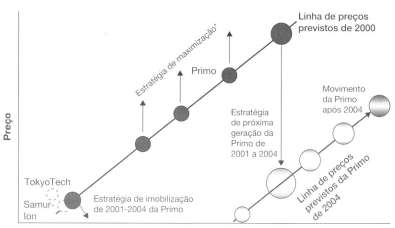

Índice de preços = preço por unidade de desempenho. Os círculos pretos representam os produtos da Primo em 2000; os círculos cinza sombreados representam os produtos da Primo no período pós-2004.

---

* O termo original é *milking strategy*: estratégia de *marketing* de curto prazo concebida para extrair o maior lucro possível de um produto no menor tempo possível, sem considerar as possibilidades de venda desse produto a longo prazo. (N. da T.)

SUPERANDO AS ARMADILHAS DA COMODITIZAÇÃO

de produtos antiga para subsidiar a criação de uma nova linha de produtos e de uma nova linha de preços previstos. Após 2004, a empresa continuou a estender sua linha para produtos com margem superior e melhor desempenho, enquanto os japoneses se contorciam no segmento inferior. Como a Primo não parou de pressionar seus concorrentes japoneses, imobilizando-os nesse segmento, seus concorrentes, além de terem ficado encurralados em 2001 no segmento de mercado em que atuavam, continuaram nesse jogo de pega-pega nos quatro anos seguintes (consulte a Figura 4.4).

Em 2000, a Primo não apenas escapou da armadilha da escalada; ela virou o jogo em relação a seus concorrentes. A empresa os suplantou no segmento inferior, tolheu seus movimentos nesse segmento e ganhou vantagem sobre eles. Esses concorrentes estavam enfrentando sua própria armadilha de escalada. Aliás, os concorrentes japoneses teriam sido esmagados se não fosse a gorda conta bancária das empresas controladoras, as quais estavam dispostas a arcar com prejuízos consideráveis e a subsidiá-los a longo prazo.

A Primo tirou proveito do processo de escalada e mudou toda a linha de preços previstos, estendendo a amplitude do desempenho para novos patamares. Ao quantificar e examinar o ritmo e a direção dos movimentos do concorrente e as consequentes mudanças na linha de preços previstos, a Primo foi capaz desenvolver uma estratégia criativa, com metas de custo-benefício mais precisas, à medida que se movia incrementalmente. E ao mapear as mudanças de custo-benefício ao longo de vários períodos, a Primo conseguiu enxergar as principais tendências de deslocamento da linha de preços previstos, identificando uma maneira de sair da armadilha em que se encontrava. Para isso, ela suplantou seus concorrentes e controlou seus movimentos. A empresa aproveitou o ímpeto, intensificando a guerra de custo-benefício a um ritmo que os demais não conseguiam acompanhar, tomando a dianteira e, em seguida, remodelando a linha de preços previstos.

Nem todas as soluções para o problema da escalada criam problemas para os concorrentes, mas a ideia nesse caso foi encontrar uma forma de sair da armadilha, isto é, empurrar os concorrentes para o canto inferior e encurralá-los de tal modo que não tivessem outra maneira de escapar senão agravando ainda mais sua escalada. Com isso, a Primo evitou que seu crescimento fosse ilusório ou temporário, como sempre ocorre quando os concorrentes são deixados em uma posição para que continuem o pega-pega e depois neutralizem qualquer vantagem de quem está na liderança. Com sua imperiosa participação de mercado e lucratividade, a Primo ainda era a líder do setor em 2009.

COMMODITY DELL... OU *COMMODITY HELL?* O INFERNO DA COMODITIZAÇÃO

Para examinarmos outro exemplo de guerra da escalada de custo-benefício que não para ganhar corpo, consideremos o setor de computadores. Em 2000, esse setor parecia aprisionado à armadilha de escalada criada pela Dell, mas os concorrentes por fim encontram uma **rota de fuga**.

A Dell desenvolveu um modelo para oferecer computadores personalizados, de alta qualidade e baixo custo diretamente para os consumidores e clientes empresariais. Isso empurrou os custos para baixo e espremeu as margens de lucro em todo o setor. A queda de preços atingiu níveis inacreditáveis e a Dell parecia imbatível. Em vista dessa escalada das guerras de custo-benefício, ficava cada vez mais difícil para concorrentes como a Hewlett-Packard (HP) e a IBM competirem contra a Dell no ramo de computadores pessoais.

Tanto a HP quanto a IBM encontraram caminhos diferentes para sair dessa armadilha. A HP preferiu obter o porte necessário e as novas tecnologias necessárias para concorrer. Não obstante os problemas de resistência interna e de integração acidentada, a aquisição da Compaq pela HP acabou lhe dando o porte e a tecnologia essenciais para diferenciar radicalmente seus produtos e tornar-se líder no mercado. A IBM adotou uma abordagem distinta, vendendo sua unidade de computadores pessoais para o fabricante chinês Lenovo, cujos custos eram ainda mais baixos. Com isso, a IBM pôde se concentrar mais em sua **área de soluções tecnológicas** e em outros produtos e serviços sofisticados e diferenciados, saindo do ramo de computadores pessoais (PCs) cuja margem de lucro é baixa. A IBM não saiu simplesmente; simultaneamente, ela criou um concorrente aniquilador e com custos ainda mais baixos para a Dell.

De repente, a Dell foi pega em uma armadilha da comoditização. A proliferação encurralou a Dell entre a HP e a Lenovo. A posição da Dell também foi enfraquecida pela proliferação dos *notebooks* de baixo custo. Embora os computadores pessoais da Dell pudessem ser personalizados com um conjunto de componentes diferentes, os *notebooks* ofereciam telas, teclados e outros recursos em pacotes de baixo custo convencionais, desvalorizando a customização da Dell. A empresa foi pega pela comoditização de seus computadores de mesa ao proliferar produtos para atacar acima (HP), abaixo (Lenovo) e pelos lados (*notebooks* de fabricantes diversos). O resultado último das medidas tomadas pela HP e pela IBM foi estancar o ímpeto da Dell criando a armadilha da proliferação.

Em outros casos, as empresas impulsionaram proativamente o crescimento (em vez de suas margens de lucro) para criar valor para os acionistas. Para isso, elas intensificam a guerra de custo-benefício a uma velocidade tal que acabam ganhando a posição dianteira e provocando uma ampla consolidação no mercado. Por exemplo, a HP impulsionou os preços da tecnologia de impressão para baixo para levar a impressão em cores de um pequeno nicho de luxo para um mercado de massa. Ela usou a tecnologia de jato de tinta para redefinir a proposição de valor das cópias em cores, oferecendo uma impressora de 2,5 mil dólares que produzia cópias comparáveis às de uma copiadora em cores profissional no valor de 20 mil dólares. Em seguida, ela continuou a mudar os decimais do preço de suas impressoras e melhorou a qualidade, a ponto de geralmente oferecer uma impressora barata na compra de um computador pessoal. O custo das cópias em cores passaram de 1 dólar a 1,5 dólar por página, preço cobrado pelas fotocopiadoras, para 7 centavos ou menos por página. Essa mudança abriu o mercado para escritórios domésticos, pequenas empresas e fotografias digitais amadoras. Esse foi um dos motivos que levou a HP a dominar o mercado de impressoras. Além disso, a HP transformou o modelo de negócios e de determinação de preços do setor, até certo ponto dando as impressoras, mas obtendo lucro com os cartuchos de tinta. Isso ajudou a abaixar o preço dos equipamentos e a estimular o crescimento. Hoje, suas vantagens tecnológicas e de crescimento são tais que a HP praticamente é dona do mercado e impõe barreiras significativas à entrada de outros concorrentes.

ESTRATÉGIAS PARA REAGIR À ESCALADA

A armadilha da escalada apresenta-se sob diversos aspectos e, portanto, existem várias estratégias para superá-la, mas todas exigem um controle — revertendo, aproveitando ou redimensionando seu ímpeto. Nos exemplos a seguir, analisarei mais detalhadamente as estratégias para controlar o ímpeto e lidar com a armadilha da escalada.

Escape da armadilha: redimensione o ímpeto

Em algum momento, a escalada pode abrir caminho para uma mudança mais radical: o ímpeto criado por essa armadilha pode levar o mercado a se transformar, dando lugar a um benefício principal ou a uma oferta de produto completamente diferente. Por exemplo, o dispositivo musical *iPod* transformou-se no *iPhone* e em console de *videogame*. De modo semelhante, os fabricantes de adoçantes artificiais transformaram-se em provedores de soluções; as turbinas da GE transformaram-se em provedores de serviços; e os óculos de visão noturna militares transformaram-se em sistemas integrados de comando e controle em campo de batalha. As duas outras estratégias discutidas a seguir — aproveitar e congelar o ímpeto — são eficazes apenas até certo ponto; com o tempo, a empresa precisará redimensionar o ímpeto com alguma mudança significativa. Essa é a maneira mais eficaz de escapar da armadilha da escalada.

Minha pesquisa no segmento de carros pequenos, no mercado de automóveis, revelou que os fabricantes norte-americanos não conseguiram reverter as intensas guerras de custo-benefício, impulsionadas por concorrentes asiáticos, durante a década de 1990. Em vez disso, eles foram obrigados a redefinir com frequência o benefício principal que impulsiona os preços. Quando a **imitação** é **rápida** e o **comportamento da concorrência** é **agressivo**, o principal determinante dos preços muda constantemente à medida que os benefícios principais antigos perdem valor e novos benefícios principais passam a ser essenciais para substituí-los. E com isso maior é a frequência de **reestruturação**, **remodelação** e **reequipagem**. Para escapar, as empresas precisam prever ou impulsionar as mudanças, em vez de sucumbir, participando de um jogo constante de pega-pega.[3]

No caso dos carros pequenos, em 1993 seu benefício principal era a **plataforma**, uma combinação de características que indicavam o tamanho do veículo — por exemplo, o número de passageiros, o tamanho do chassi, a capacidade do porta-malas e do tanque de combustível, a resistência ao impacto (*crashworthness*) do veículo, a potência do motor e o consumo de combustível. Em 1995, a ênfase recaiu sobre o endosso da *Consumer Reports* com relação à confiabilidade, em particular à taxa de defeitos e ao custo de manutenção durante o primeiro ano do período de garantia. Depois disso, em 1999, o benefício principal mudou para o sistema antibloqueio de frenagem ou ABS (segurança).

Ao analisar esse histórico, identifiquei um ritmo de mudança. As mudanças dos benefícios principais pareciam ocorrer em três ou quatro ciclos. Portanto, usando a análise de custo-benefício em diversos momentos, as empresas podem identificar quando e como devem mudar sua P&D para se concentrar no benefício emergente mais importante e determinar a "lei de Moore" de seu setor.[4] Diferentes setores estão propensos a apresentar diferentes ritmos. Por exemplo, os postos de combustível redefiniram o benefício primário que ofereciam em intervalos regulares de dez anos para atender a diferentes necessidades:

- **Na década de 1960.** Eram **postos de serviço completo** que ofereciam serviços mecânicos, lavagem dos vidros e gasolina de alto desempenho para atender às necessidades dos carros de alto desempenho (*muscle cars*), todos os serviços de assistência e correspondiam ao desejo dos clientes receberem atendimento personalizado de uma fonte confiável.

- **Na década de 1970.** Eles se tornaram **postos de combustível** *self-service*, oferecendo bombas de autoatendimento, com opções para gasolina sem chumbo e diesel em vários pontos novos, atendendo a um estilo

86
SUPERANDO AS ARMADILHAS DA COMODITIZAÇÃO

de vida mais atribulado e às necessidades criadas pela crise de energia. Além disso, com esses recursos, ninguém precisaria ficar parado por falta de combustível.

- **Na década de 1980.** Eles se tornaram **lojas de conveniência**, usando o combustível e as lavadoras de carro automáticas como isca para atrair as pessoas para dentro das lojas. O objetivo era atender às necessidades de pessoas com jornada e tempo de percurso diário ao trabalho mais longos que precisavam fazer compras rapidamente em um único lugar.

- **Na década de 1990.** Eles se transformaram em um **porto seguro e protegido**, atendendo às necessidades das mulheres desacompanhadas de um lugar mais seguro em horas avançadas da noite e oferecendo formas mais rápidas de pagamento (por exemplo, bombas com sistema de pagamento automatizado como o SpeedPass e dispositivo para cartão de crédito) e iluminação e câmeras de segurança para clientes noturnos.

- **Na década de 2000.** Eles transformaram as opções de suas pequenas lojas de conveniência em um conjunto mais amplo de mercadorias e serviços, aliando-se, por exemplo, a cafeterias e às lojas Dunkin' Donuts.

- **No futuro.** Muitos acreditam que os postos de combustível e serviços se transformarão em centros ecológicos de combustíveis alternativos — por exemplo, eletricidade, para atender às necessidades dos carros híbridos, e água, para os carros movidos a hidrogênio.

O exemplo dos postos de combustível mostra outra maneira de prever o momento certo para redefinir o benefício principal a ser oferecido: observar transformações demográficas e nas necessidades dos clientes. A mudança da importância dos diferentes benefícios é impulsionada por mudanças tantos nos clientes quanto nos concorrentes. No caso dos postos de combustível, os benefícios principais mudaram em resposta às mudanças nas necessidades dos clientes, visto que as pessoas mudaram seu padrão de trabalho e de vida, e à percepção de preço nos períodos de fartura e escassez.

De outro modo, pense no ritmo do setor de seguros contra acidentes e patrimoniais em um período de aproximadamente cinco anos. As principais seguradoras redefiniram sucessivamente o benefício principal — quatro vezes em um período de mais ou menos duas décadas —, para evitar a comoditização provocada pela escalada. Quando os benefícios principais tornaram-se convencionais e baratos, o setor mudou de posição e estabeleceu novos benefícios principais. As seguradoras mudaram de um benefício principal para outro:

A armadilha da escalada

- Primeiro, enfatizando a solidez financeira (garantia de confiabilidade de pagamento).

- Segundo, oferecendo serviços diversos (por exemplo, obtenção de uma rápida cotação das taxas de seguro ou maior velocidade no processamento de indenizações) e produtos agrupados, como seguro de automóvel, residencial, de barco, de casa de verão, de motocicleta, de *trailer* e outros tipos de seguro patrimonial e contra acidentes.

- Terceiro, oferecendo preços com base no valor agregado (*value pricing*).

- Quarto, oferecendo posições de valor*especiais direcionadas a nichos específicos de baixo risco.

E hoje empresas como a Geico estão enfatizando a atribuição de marca e novos canais de distribuição. A Geico está usando venda direta e pelo correio para evitar representantes caros, bem como anúncios inteligentes e inesquecíveis: por exemplo, os anúncios que usam a lagartixa Geico (Geico gecko) para desenvolver o reconhecimento da marca e os anúncios que promovem a distribuição *on-line* afirmando que "até mesmo um homem da caverna pode fazer isso". A estratégia da empresa parece estar surtindo efeito. Em janeiro de 2009, em um momento em que as seguradoras estavam anunciando demissões temporárias, a Geico anunciou que estava recrutando funcionários regularmente.

Para apoiar as redefinições sucessivas do benefício principal, as seguradoras tiveram de planejar antecipada e gradativamente o desenvolvimento de um novo *know-how* e de novas competências para oferecer cada novo benefício principal antes da inflexão seguinte de um ponto de mudança. Por exemplo, a ênfase sobre a solidez financeira exigia um gerenciamento eficaz do balanço patrimonial. Quando o foco mudou para serviços e produtos diversificados, houve necessidade de contratar grande quantidade de corretores de seguros. A determinação de preços com base no valor agregado exigia economias de escala e custos operacionais e indiretos mais baixos por meio da automação, usando a tecnologia da informação (TI), ao passo que no estágio seguinte as seguradoras encontraram proposições de valor especiais envolvendo novos esquemas de determinação de preços.

Usando um processo de mineração de dados mais aprofundado, a seguradora Allstate desenvolveu um modelo de determinação de preços sofisticado. Em vez de agrupar os clientes em três categorias gerais, a Allstate identificou mais de 1,5

---

* Posição de valor ou *value position* refere-se ao valor monetário que a marca promete ao cliente. Os clientes pensam em valor em termos de preço e em relação ao que obtêm em troca do dinheiro. Portanto, o posicionamento de valor refere-se à determinação do preço de venda com base no custo-benefício. (N. da T.)

mil categorias de clientes diferentes, o que lhe permitiu equiparar mais acuradamente os prêmios e os riscos. Com essa nova estratégia de preços diferenciados (*tiered pricing*),* a empresa pôde oferecer prêmios mais baixos para motoristas mais cautelosos e ainda assim manter baixos custos de indenização. Depois que a Allstate implantou esse novo sistema, o lucro operacional da empresa subiu 16% e o retorno sobre o patrimônio atingiu 15%.

A seguradora de automóveis Progressive também redefiniu os preços dos seguros oferecendo aos clientes preços equiparáveis aos dos concorrentes, em vez de apenas fazer uma cotação de prêmio de seguro específica para o cliente. A empresa chegou até a tentar oferecer apólices com taxas de uso em que os motoristas seriam cobrados de acordo com a quantidade de quilômetros rodados.

Em todos esses três setores (carros pequenos, postos de combustível e seguros), todas as mudanças realizadas nos benefícios principais levaram o setor inteiro junto, forçando os retardatários a acrescentar novos benefícios para que não ficassem para trás — e esses benefícios tornaram-se a nova base da concorrência —, em vez de estabelecer novos nichos. Aqueles que não acompanharam esses ciclos rítmicos foram forçados a lutar com a arma do preço para compensar suas deficiências, e esses retardatários, em sua maioria, morreram aos poucos ou foram comprados por outras empresas.

Estabeleça o ritmo

Ao redimensionar o ímpeto, com frequência é melhor estabelecer o ritmo e preparar-se para mudanças, porque não é fácil desenvolver novo *know-how* e competências essenciais no exato momento em que se precisa. Esperar até que os concorrentes façam alguma mudança pode ser tarde demais, pois isso força os retardatários a um jogo perdido de pega-pega constante. Portanto, a capacidade de redimensionar periodicamente o ímpeto exige um conjunto de competências novas.

Quais são as competências que as empresas precisam para conseguir estabelecer o ritmo e preparar-se para redimensionar periodicamente o ímpeto? As pessoas que sabem estabelecer o ritmo são boas para gerenciar transições. Portanto, elas conseguem mover-se rápida e tranquilamente para cada novo benefício principal. Elas desenvolvem competências para futuros benefícios principais antes de os benefícios anteriores perderem a força e desgastarem-se. Em essência, saber estabelecer o ritmo significa gerenciar simultaneamente quatro áreas distintas e paralelas dentro de uma empresa. Essas áreas têm quatro atribuições:

---

*   Quando oferecemos ao cliente vários pontos de preço para que escolha o que é melhor. São preços diferenciados em função da renda. (N. da T.)

- **Executar** – A primeira área diz respeito à operacionalização do benefício principal atual, isto é, realizar as atividades diárias de produção e venda do benefício principal daquele momento.

- **Configurar** – A segunda área está relacionada à configuração da organização, fábrica e distribuição necessárias para a venda de um produto de próxima geração já desenvolvido com o novo benefício principal, que está na manga para ser lançado no momento certo.

- **Planejar** – A terceira área está relacionada à realização de pesquisas sobre mudanças nos segmentos de clientes e no mercado tecnológico e ao desenvolvimento de pessoas, competências, tecnologias e produtos que impulsionem ou apoiem o benefício principal de terceira geração.

- **Prever** – A quarta área está relacionada a uma ampla reflexão sobre o que pode vir em seguida e ao investimento de recursos para investigação das implicações das tendências de longo prazo, pesquisas técnicas básicas e protótipo inicial para definições futuras dos benefícios principais que possam se tornar essenciais ao sucesso da empresa.

Para estabelecer o ritmo e preparar-se de uma maneira eficaz para redimensionar o ímpeto periodicamente, as organizações precisam pôr em prática cada uma dessas atribuições, e isso deve ser feito de maneira simultânea. Normalmente, isso significa atribuir a cada tarefa recursos humanos exclusivos, orçamento e instalações. É preciso ter para isso processos claros, para transferir o pessoal de uma área para a seguinte, e promover novo treinamento de pessoal para o benefício principal seguinte. Desse modo, sempre haverá pessoas que conhecem as competências da empresa nesses diferentes estágios de desenvolvimento e estão preparadas para tomar parte do desenvolvimento de competências futuras. Embora algumas áreas talvez estejam de olho em **megatendências na sociedade**, na economia, na demografia e em outras macromudanças, para ajudá-las a determinar o ritmo das alterações nos benefícios principais, o desafio é identificar qual **benefício principal** é necessário desenvolver para o futuro. Com a análise de custo-benefício, as empresas podem também estabelecer os benefícios corretos que devem ser desenvolvidos. **Como?** Observando quais estão ganhando e quais estão perdendo importância enquanto determinantes de preço.

Para forçar a empresa a estabelecer proativamente o ritmo, essas áreas com frequência estabelecem cronogramas precisos para realizar a transição de um benefício principal para outro, usando marcos e orçamentos que impõem movimentos progressivos. Algumas empresas usam processos de planejamento para impulsionar esses redimensionamentos. Outras usam sólidas avaliações e metas

90
SUPERANDO AS ARMADILHAS DA COMODITIZAÇÃO

de desempenho (como a porcentagem anual de receitas que devem ser geradas pelos novos produtos) que fazem a organização se concentrar em passos ou ritmos cronometrados (*time pacing*).* O processo interno de avaliação antecipada do ciclo seguinte de vantagem primária é decisivo para impulsionar o tipo de ritmo externo discutido no exemplo dos postos de combustível e das seguradoras. O objetivo é identificar os períodos rítmicos para que a empresa estabeleça os cronogramas e marcos de execução, configuração, planejamento e previsão que lhe darão precedência sobre os concorrentes.

Existe também um estratagema para passar de um benefício principal para outro. Kathleen Eisenhardt e Shona Brown comparam essa passagem a uma corrida de revezamento, em que a passagem do bastão normalmente é tão importante para o sucesso quanto a velocidade dos corredores individuais.[5] As empresas que sabem estabelecer o ritmo conseguem fazer essas transições compatibilizando seu ritmo interno com as mudanças no mercado e sincronizando-as com as ações dos fornecedores e de outros parceiros. As empresas bem-sucedidas também criam competências e processos que lhes permitem se autocanibalizar, oferecendo a cultura e os incentivos necessários para motivar os funcionários que estão trabalhando em prol do benefício principal anterior a abrir mão de suas atividades, a compartilhar seus conhecimentos e recursos e a apoiar o novo benefício, sem retardar seu progresso.

Um desafio que as empresas podem enfrentar para redimensionar o ímpeto é avaliar em que momento se atinge o ponto de valor máximo — quando existem poucas ou nenhuma oportunidade para empurrar os preços para baixo, aprimorar o benefício principal ou ampliar o mercado. É nesse ponto que o aproveitamento do ímpeto do último benefício principal deve dar lugar ao redimensionamento do ímpeto usando um novo benefício principal. O gestor precisa estar preparado para redefinir o benefício principal e, de alguma maneira, redimensionar o ímpeto ou passar a usar uma estratégia para arrefecê-lo ou o reverter. Portanto, é fundamental monitorar a equação de custo-benefício para compreender e prever mudanças no benefício principal. Para controlar esse ritmo, as empresas devem ser rápidas o suficiente apenas para se manter à frente da concorrência, mas não mais rápidas do que isso, para que não se invistam muito cedo e não desperdicem suas margens de lucro. Dentre as competências necessárias para cronometrar de maneira eficaz essas mudanças estão as habilidades de inteligência competitiva e de *marketing* que estendem o máximo possível o benefício principal atual, bem como as habilidades para entrar no mercado rapidamente e diminuir os riscos de lançar produtos com base nos novos benefícios principais.

---

* Refere-se ao desenvolvimento de novos produtos ou serviços para lançar novos negócios ou entrar em novos mercados de acordo com o calendário. (N. da T.)

DESTRUA A ARMADILHA: REVERTA O ÍMPETO

Redimensionar o ímpeto é uma forma de escapar da armadilha da escalada. Mas existem outras maneiras de atacá-la. A segunda estratégia é tentar arrefecer ou mesmo reverter o ímpeto. Isso pode restaurar o equilíbrio do setor e evitar uma erosão ainda maior dos preços. Essa medida é particularmente importante se não houver inovações para redução de custos e aprimoramento dos benefícios ou se o mercado não for sensível ao preço ou benefício, caso em que não é possível estimular o crescimento abaixando os preços nem aumentando os benefícios. Nessa circunstância, o objetivo é, tanto quanto possível, deter ou reverter a escalada.

Congele posições

Tente se lembrar da indústria pesada nos últimos anos. Minha pesquisa me conduziu para o mercado de turbogeradores de energia da década de 1960. Na época, a GE dominava o mercado de turbinas de grande porte. Ela se concentrava nas turbinas maiores e mais avançadas para instalações essenciais no setor privado, porque esse segmento não era muito sensível ao preço, respondia por dois terços da demanda e oferecia taxas de crescimento maiores e margens de lucro bem mais altas do que o segmento de turbinas menores. Essa posição fez com que a arquirrival da GE, a Westinghouse, ficasse com o atendimento de pequenos serviços de utilidade pública municipais e serviços de utilidade pública governamentais que normalmente solicitavam licitações públicas. A GE bloqueou a entrada da Westinghouse no mercado de turbinas de grande porte usando economias de escala, tecnologia mais avançada e preços inferiores aos custos da Westinghouse.

Além disso, a GE lidou com a Westinghouse refreando seus concorrentes nos segmentos de turbinas menores. A GE estimulou a Westinghouse a manter-se longe das turbinas de grande porte demarcando uma posição de apoio modesta no mercado de turbinas menores e oferecendo seus produtos a um preço superior ao da Westinghouse. Isso permitiu que a GE moldasse a inclinação da linha de preços previstos estabelecendo o preço-teto que a Westinghouse poderia cobrar no segmento inferior do mercado. A GE estava posicionada para definir os preços no segmento superior porque sua tecnologia mais avançada e os custos menores decorrentes de suas economias de escala em tecnologia e fabricação lhe possibilitavam determinar preços inferiores aos custos da Westinghouse, se fosse necessário.

Para fortalecer ainda mais sua posição, a GE comprou alguns insumos comoditizados da Westinghouse e também licenciou algumas tecnologias para a Westinghouse para ser usada no segmento de mercado inferior. Isso aumentou o lucro da Westinghouse, mas também a deixou mais dependente da GE. Normalmente, usando listas de preços publicadas, a GE indicava seus preços em ambos

92
SUPERANDO AS ARMADILHAS DA COMODITIZAÇÃO

os segmentos para estimular a Westinghouse a seguir sua liderança no mercado. A ideia era evitar que a Westinghouse descontasse seus preços em tempos ruins, oferecendo em vez disso uma oportunidade de ganho mútuo para ambas as empresas se a Westinghouse seguisse os sinais da GE para elevar os preços. Contudo, quando esse processo tornou-se evidente, deu margem a algumas investigações sérias do governo com relação a questões antitruste. Mesmo assim, a relação entre a Westinghouse e a GE perduraram legalmente desde a década de 1950 à década de 1990, até o momento em que a Westinghouse foi adquirida pela Siemens. Com a entrada da Siemens nessa festa, a guerra de preços e benefícios — isto, a **escalada** — recomeçou porque a Siemens tinha novas tecnologias e uma gorda conta bancária. A GE foi forçada a reformular o que oferecia mudando o benefício principal, então fundamentado em sua tecnologia, para serviços, como financiamento, manutenção preventiva e serviços terceirizados que minimizavam o risco de pane nos geradores para seus clientes. Desde 2008, a Siemens está tentando oferecer serviços semelhantes, mas as operações de produção da GE estão mais bem localizadas e equipadas com pessoal para atender ao mercado norte-americano, que ainda é o maior usuário de energia do mundo.

Além disso, para refrear a escalada, as empresas podem prender os clientes a contratos de longo prazo, usando altos custos de troca ou outras estratégias que garantam lealdade à marca, participação de mercado e preços. Um exemplo é o mercado de **negro de carbono** (substância química usada em pneus, tintas e em outros produtos). O negro de carbono é um componente pequeno mas essencial dos pneus — ele é responsável pela firmeza e resistência da borracha dos pneus. Portanto, os fabricantes de pneus não podem arcar com a falta de estoque, pois isso interromperia a produção. Por isso, estão dispostos a se prender a contratos de vários anos de duração.

Um dos líderes de mercado nesse setor, a Cabot Corporation, sempre que possível usou contratos de longo prazo para prender seus clientes. Os clientes em geral concordam com esses contratos quando há certa preocupação quanto à possibilidade de escassez de suprimento de qualidade. Considerando as distâncias de remessa, existe uma defasagem entre a falta e seu impacto nas taxas de produção de automóveis, e isso aumenta ainda mais a importância de garantir o suprimento. Os fabricantes de automóveis não estão tão preocupados em impulsionar os preços do negro de carbono para baixo quanto estão em garantir o suprimento e evitar o custo de inatividade das fábricas. Contratos de longo prazo como esses, bem como outras estratégias para prender os clientes, podem refrear a escalada, que poderia provocar guerras de preço e outras disputas.

A concorrência entre empresas posicionadas em diferentes pontos ao longo da linha de preços previstos pode ser atenuada por meio de um posicionamento cuidadoso para dividir o mercado de maneira eficaz. Diferentes níveis de qualidade do negro de carbono influem no desempenho — o benefício principal oferecido. Portanto, as diferenças no nível de qualidade do produto podem garantir para a empresa uma posição nas áreas mais lucrativas ao longo da linha de preços previstos. Como me disse Ken Burnes, *chairman*, presidente e diretor executivo da Cabot:

> *"No mercado de negro de carbono, estamos na dianteira do ponto de vista técnico. Os concorrentes com frequência tentam se equiparar ou minar nossa diferenciação, e a única defesa eficaz é a nossa postura de melhorar continuamente a qualidade e o desempenho de nossos produtos, sempre realizando pequenos ajustes no produto para manter o valor que oferecemos ao cliente. Assumimos posições mais sólidas, com níveis de custo mais altos, e cedemos alguns níveis de custo mais baixos para os outros concorrentes. A tecnologia de cada concorrente tem um ponto ideal no mercado, criando produtos com funcionalidade diferente ou usados para propósitos diferentes. Temos de nos desenvolver constantemente e defender nosso ponto ideal."*[6]

Embora a vantagem tecnológica possa ser usada para impulsionar a escalada (como no caso da Primo), o foco da Cabot em "pontos ideais" específicos e em "ajustes para manter o valor", bem como a utilização de contratos de longo prazo, obstruem uma provável escalada em um mercado de *commodity*. Desde que os concorrentes estejam focalizados em posições diferentes ao longo da linha de preços previstos, eles evitam competir de igual para igual uns com os outros, e isso cria um ambiente mais estável, diminuindo a tentação dos concorrentes de se envolver em uma escalada.

Elevando o nível

Em vez de congelar as posições dos concorrentes em diferentes locais da linha, as empresas podem também elevar a linha para todo o setor (ou para um segmento). Isso tende a refrear — ou mesmo a reverter — a escalada porque os preços aumentam uniformemente. Em um projeto para um fabricante de automóveis, descobrimos que essa elevação da linha ocorreu quando calculamos a linha de preços previstos para carros esporte e esportivos em 1993 e 1999.

Antes dessa época, as mudanças no mercado eram muito diferentes. Os fabricantes de automóveis japoneses estavam intensificando a concorrência com o lançamento de carros esporte altamente confiáveis e mais baratos, como o Mazda *Miata* e o Nissan *280Z*.

SUPERANDO AS ARMADILHAS DA COMODITIZAÇÃO

Ainda que esses carros japoneses tivessem sucesso, como se pode supor, os compradores de carros esporte como um todo não são como os outros compradores de automóveis. Não foi nenhuma surpresa o fato de nossa análise ter revelado que o benefício principal dos carros esportes e esportivos que se oferecia nos EUA fosse o desempenho. O desempenho era avaliado com base na potência do motor dividida pelo tamanho do chassi do veículo, um indicador do dinamismo do carro, como sua taxa de aceleração e velocidade máxima.

Dois outros benefícios contribuíram para os preços dos carros esporte em 1993: a plataforma e a confiabilidade do carro. Mas ambos perderam importância de 1993 a 1999, e a confiabilidade até deixou de ser um fator na determinação de preços em 1999, visto que todos os concorrentes haviam investido na melhoria da confiabilidade. Isso acabou com o apelo dos modelos japoneses, facilitando para que os concorrentes retomassem o controle sobre os preços — isto é, elevassem a linha de preços previstos.

A existência do sistema antibloqueio de frenagem, a segurança (resultados dos testes de impacto e os *air bags*) e a classificação geral do veículo, realizada pela *Consumer Reports*, não afetaram os preços, ainda que esses fatores fossem significativos em outros segmentos do mercado automobilístico. Como você pode imaginar, os entusiastas dos carros esporte não estão tão interessados em segurança nem nas classificações conservadoras e parcimoniosas da *Consumer Reports*. Eles estão interessados em velocidade e estão dispostos a pagar por isso. Durante esse período, não houve nenhuma redefinição do benefício principal no mercado — o desempenho sempre foi o determinante de preço mais importante, e os preços relativos a diferentes níveis de desempenho subiam à medida que a linha de preços previstos ascendia no mapa de custo-benefício.

Essa análise de custo-benefício e a elevação da linha de preços previstos fornecem dados importantes sobre o caráter da concorrência nesse segmento, propondo que é possível evitar e até mesmo reverter a escalada. Diferentemente dos segmentos do mercado mais sensíveis aos preços, em que é provável que as melhorias de desempenho provoquem pequenos aumentos de preço ou mesmo redução nos preços, esse segmento está apto a cobrar um preço elevado por esses avanços e as alterações de preço podem evitar ou reverter a escalada. Além disso, a área de P&D pode se concentrar em melhorar o desempenho e a plataforma para aumentar os preços, sem dedicar muita atenção a outros benefícios secundários, porque os fatores que determinam os preços dos carros esportes não mudam de um ano para outro.

Diversos foram os motivos que possibilitaram a reversão desse ímpeto no mercado de carros esporte. Esse segmento é formado principalmente por consumidores insensíveis ao preço e por várias marcas de nicho que **preferem as margens** de lucro ao **volume de vendas**. Além do mais, as barreiras à entrada de novos concorrentes de certa forma são grandes em virtude da dificuldade de adquirir tecnologia, redes de serviços, imagem de alto prestígio e reputação nesse mercado, o que, com frequência, requer amplos investimentos e um sucesso sustentável em eventos de corrida altamente visíveis. O fato de os carros esportes terem sido o único segmento de mercado do setor automobilístico a ver o número de modelos concorrentes diminuir (foram três) de 1993 a 1999 condiz com essa ideia. Por isso, esse segmento de mercado é dominado por alguns poucos fabricantes (em sua maioria europeus) com altos custos de mão de obra, o que reduz ainda mais a motivação das empresas líderes de escapar de preços altos ou de redefinir o benefício principal oferecido pelos carros esporte.

Tire proveito da armadilha: aproveite o ímpeto

A terceira forma de lidar com a escalada é usar o ímpeto para impulsionar ou controlá-la, forçando os demais a entrar na corrida para não ficar para trás, como a Primo fez no primeiro *round* de sua competição com os adversários japoneses (consulte a Figura 4.2). No segmento de alta tecnologia dos óculos de visão noturna militares, a ITT usou o ímpeto para impulsionar a escalada. Steve Loranger, diretor executivo da ITT Industries, me disse que sua empresa, para aproveitar a comoditização, abaixou os preços, melhorou o desempenho e expandiu o mercado: "Oferecemos mil vezes mais capacidade com menos da metade do peso e tamanho, por metade do preço, e promovemos uma explosão na demanda, transformando a visão noturna em algo comum nas Forças Armadas dos EUA. Como conseguimos nos tornar mais inovadores e alavancar nosso crescimento, podemos oferecer preços ainda mais baixos, e nossas margens operacionais estão subindo." [7]

Pense um pouquinho: mil vezes a capacidade pela metade do preço, e mesmo assim as margens de lucro continuam subindo! Isso talvez seja um contrassenso, mas aproveitar a escalada é uma saída eficaz para usar o ímpeto da guerra de custo-benefício. Isso é particularmente surpreendente quando se leva em conta que alguns dos modelos mais populares e convencionais de estratégia aconselham que não se deve intensificar a concorrência, mas trabalhar ativamente para diminuí-la dentro do setor.

Pense mais um pouco. Se aproveitado, o declínio dos preços faz o mercado crescer. Se uma tecnologia antes utilizada por especialistas militares passa a ser algo comum para praticamente qualquer soldado raso, isso significa que o mercado pode comportar lucrativamente um nível superior de qualidade a um preço mais baixo. O segredo para fazer a escalada funcionar é diminuir incessantemente os custos da empresa antes de reduzir os preços, ao mesmo tempo forçando

96
SUPERANDO AS ARMADILHAS DA COMODITIZAÇÃO

os concorrentes a praticar preços inferiores e conseguir entrar no jogo da redução de custos.

Mas isso ocorre apenas até certo ponto. Existe um limite. No momento em que todos os soldados puderem utilizar seu equipamento de visão noturna, a ITT precisará redefinir o benefício principal oferecido por seu produto, a fim de reiniciar a escalada em uma nova dimensão de benefício. Por exemplo, a medida seguinte da ITT é conectar seu sistema de visão noturna com seu sistema GPS, de mapeamento e de comunicação para que os comandantes e soldados tenham uma visão completa e em tempo real do campo de batalha e saibam onde estão seus "aliados" e seus inimigos. Com o tempo, o benefício principal dos sistemas de visão noturna talvez não seja a visão noturna, mas um novo tipo de visão que somente um sistema de comunicação integrado, utilizado em campo de batalha, pode oferecer. O aproveitamento do ímpeto em geral abre caminho para seu redimensionamento. Nesse meio-tempo (e isso pode durar vários anos), a ITT liderou o mercado e ergueu seus negócios aproveitando o ímpeto da escalada com base no benefício principal vigente da maior capacidade de visão noturna.

O giro das maçãs

A Apple também aproveitou o ímpeto da escalada lançando gerações sucessivas de *iPods*, diminuindo o preço e melhorando o benefício principal de toda a linha a cada geração que se seguia. (O benefício principal nesse caso é uma funcionalidade multifacetada que associa inúmeros motivos, como armazenamento, *software*, conteúdo, *design* atraente e recursos — tudo isso contribui para a imagem do *iPod* de um produto avançado e fácil de usar.) A Apple projetou e reprojetou o *iPod* de uma maneira que forçasse os concorrentes a continuar correndo para não tentar alcançá-la (consulte a Figura 4.5).

Em julho de 2002, a Apple lançou os primeiros *iPods*, dispositivos digitais de 5 GB (gigabyte) e 10 GB para armazenamento e reprodução de música, oferecendo novos recursos, como *playlists*, bibliotecas digitais e grupos de músicas. Em julho de 2003, a Apple abaixou o preço e ampliou a linha, mas tornou esses dispositivos mais funcionais ao abrir a loja musical *on-line* iTunes para vender legalmente músicas que podiam ser baixadas para o *iPod*.[8] Reagindo a lançamentos inferiores da Sony, Dell e Creative Technologies em janeiro de 2004, a Apple abaixou o preço por gigabyte no segmento inferior da linha de *iPods* e também lançou o *Mini* de 4 GB para tirar proveito da falta de atratividade no *design* de seus concorrentes, bem como o *Photo*, para ampliar a capacidade para fotos digitais. Em fevereiro de 2005, a Apple impulsionou ainda mais o segmento inferior lançando o *Shuffle*, para impedir a entrada de imitadores de baixo custo, e em seguida o ultrafino *Nano*, que tem a espessura de

FIGURA 4.5
O *iPod* aproveita o ímpeto da escalada

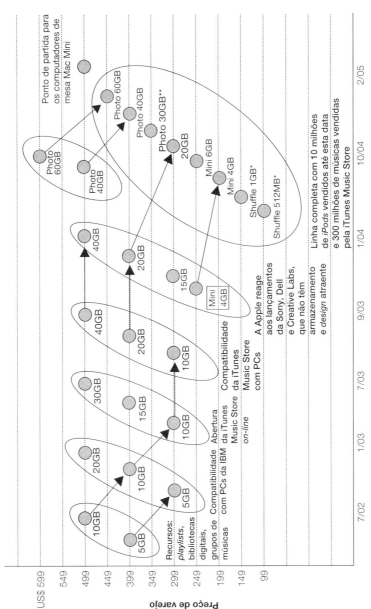

* Primeiros *iPods* com memória *flash* para reduzir o peso e o custo.
** Os modelos *iPod Photo* processam fotos digitais e também músicas.

seis cartões de crédito sobrepostos. Nesse momento, a empresa já tinha uma linha completa de *iPods* tradicionais no mercado para bloquear a entrada de pretensos concorrentes em qualquer ponto, dos dispositivos inferiores aos mais sofisticados.

A Apple tornou-se o concorrente dominante no segmento de músicas digitais e continuou a se expandir nesse mercado em ascensão. Depois de lançar o *iPod*, a empresa constatou que haveria uma escalada — mais benefícios seriam oferecidos pelo mesmo preço ou abaixo. Mas a Apple não tentou interromper a escalada; em vez disso, aproveitou o ímpeto e a impulsionou. Nesse sentido, a empresa barrou uma avalancha de novos concorrentes que poderiam ter tentado imitar o *iPod*. Na verdade, a Apple **encurtou os intervalos** entre as alterações nas linhas de preços esperados dos produtos, ditando um ritmo acelerado que dificultou a aproximação dos concorrentes.

Observe que em todos os momentos em que a Apple parece atingir o ponto baixo desse processo (a área inferior direita do mapa), ela acrescenta novos recursos. Isso expande cada vez mais o mercado para a direita, mantendo o processo vivo. Por exemplo, a Apple acrescentou novos recursos para tornar seus produtos ainda mais "bacanas", com recursos de vídeo e novos conteúdos, como possibilidade de baixar *videogames* e também séries como *Lost* e *Desperate Housewives*, e outros programas de televisão por assinatura por meio de sua loja *on-line*. E, em seu último lance, a Apple acrescentou conectividade sem fio, telefonia de voz e um navegador Internet totalmente funcional para redefinir de cabo a rabo seus dispositivos. O *iPod* sofreu uma metamorfose, transformando-se em dois produtos: o *iPhone* e o console de *videogame* com tela em cores. Portanto, a Apple continua encontrando saídas para sempre aproveitar o ímpeto e, em seguida, redimensionar sua iniciativa antes que outros tomem sua ideia.

ESCOLHENDO UMA ESTRATÉGIA DE ÍMPETO

Se for possível estimular o crescimento do mercado aproveitando oportunidades intermináveis para melhorar os benefícios ou diminuir os custos, pode ser vantajoso aproveitar o ímpeto e impulsionar a escalada. Porém, essa estratégia só tem êxito se o líder de mercado tiver capacidade para diminuir seus custos antes de diminuir o preço e, desse modo, obter lucro ao longo de todo o processo de escalada. Em contraposição, a empresa que acompanhar os passos desse líder será forçada a entrar no jogo de pega-pega, diminuindo os preços antes de reduzir os custos. O líder pode então fortalecer esse ímpeto, forçando todos os outros a entrar nesse mesmo jogo, estimulando o crescimento da demanda, encorajando a consolidação de concorrentes fracos e iniciando um jogo de covardia que espanta até mesmo os concorrentes mais poderosos.

Embora a empresa líder que tira proveito do ímpeto possa se beneficiar por longos anos com isso, esse processo acaba levando o ímpeto a se antecipar em direção a uma posição de **valor máximo** (do ponto de vista dos clientes), na qual os clientes ganham muito, mas praticamente todas as vantagens e todo o poder de determinação de preços — e as margens de lucro — se perdem ao longo da disputa. Nesse momento, as empresas precisam redefinir de alguma forma o benefício principal ou os métodos de determinação de preços do mercado para reiniciar um novo ciclo de escalada, basicamente mudando para uma nova linha de custo-benefício. As características e os recursos que modelarão a estratégia de escalada exigem, dentre outros fatores, habilidades de inovação, poder de mercado e conhecimento sobre o mercado:

- **Inovação** – O primeiro fator para determinar qual estratégia é necessário seguir é o **poder de inovação/criatividade** da empresa em comparação com os concorrentes. As empresas em que o nível de habilidade de inovação é alto podem aproveitar a escalada com o benefício principal do momento e também usar essas habilidades para gerar novos benefícios principais. Empresas como a Apple que conseguem gerar grande ímpeto podem continuar melhorando indefinidamente o benefício principal oferecido por seus produtos por meio de inovações tecnológicas, da utilização de modelos de negócios e da reinvenção de sua cadeia de valor. Em essência, isso reinicia a disputa em uma nova linha de custo-benefício.

- **Poder de mercado** – Em contraposição, para arrefecer, congelar ou reverter o ímpeto, é necessário ter grande poder de mercado sobre os clientes ou os concorrentes, como ocorreu no caso da GE no mercado de turbinas. As empresas que tiverem esse poder podem usá-lo para arrefecer o ímpeto. Contudo, se não o tiverem ou não tiverem possibilidade de criá-lo, não serão competentes para refrear a escalada. Diante disso, elas precisam procurar outras estratégias para regular o ritmo desse ímpeto.

- **Conhecimento sobre o mercado** – Um ritmo eficaz depende de que se conheça intimamente o mercado. Conhecer as mudanças que se processam nos consumidores pode oferecer à empresa oportunidades para criar novas definições primárias ou mudar as antigas. Alterações nos benefícios principais ou a utilização de benefícios secundários para neutralizar a vantagem complementar que um concorrente estiver procurando para formar um novo benefício principal são difíceis de realizar. Elas são determinadas na interseção entre a capacidade de inovação da empresa, a evolução das condições competitivas e as mudanças nas demandas do mercado. O aparecimento de tecnologias para as quais não havia interesse no mercado pode ser visto nas tentativas recorrentes do videofone da AT&T, que era uma combinação de tecnologias analógicas de televisão, câmera e telefone. Durante décadas esse produto permaneceu como uma ideia promissora. Contudo, todas as iniciativas para atingir um mercado de massa fracassaram porque, exceto no caso da videoconferência, havia pouco interesse por esse produto. Mesmo depois que as tecnologias analógicas melhoraram e ficaram mais baratas, os consumidores ainda assim tinham pouco interesse em atender ao videofone logo pela manhã com uma cara de doente. Hoje, entretanto, a ascensão da comunicação pela Internet, das câmeras digitais e do uso difundido dos computadores pessoais deu nova vida a essa ideia, como o Skype já demonstrou. Existem várias ideias geniais para as **quais o tempo ainda não chegou** — e outras que estão com seus dias contados antes mesmo de serem assimiladas. Esses dois fatores podem ser avaliados com um conhecimento astuto sobre o mercado.

Diante da escalada, algumas empresas precisarão desenvolver novas capacidades para preparar uma resposta eficaz. Se elas não tiverem um poder de inovação adequado e tiverem de impulsionar a escalada, serão obrigadas a desenvolver essa capacidade de inovação. Entretanto, a empresa que deseja reverter o ímpeto precisará buscar soluções para criar poder de mercado, talvez por meio de fusões e aquisições ou regulamentações. Em suma, se uma empresa quiser redimensionar periodicamente o ímpeto, deve verificar se dispõe da inovação necessária, de habilidade para sentir o mercado e capacidade para lançar novos produtos. A concorrência enfrentada pela empresa e suas habilidades e capacidades modelarão a estratégia, mas a estratégia também modela essas capacidades e os concorrentes.

Como aproveitar proativamente o ímpeto ou reinventar constantemente o benefício principal (e o desenvolvimento de competências para isso) é um **processo fatigante**, as empresas vão preferir congelar a linha em vigor ou reverter o ímpeto. A empresa que estiver refreando ou revertendo a escalada deve ter alguma margem de manobra para isso, como sobreposições de mercado do produto que lhe permitam disciplinar os concorrentes ou formas de reter os clientes. A Microsoft conseguiu fazer isso durante vários anos no segmento de *software*, mas também teve de impulsionar a escalada em momentos em que o benefício principal estava prestes a mudar (como ocorreu na guerra dos navegadores). Obviamente, o sucesso de qualquer abordagem que pretenda reverter ou congelar a escalada depende da intensidade desse poder de manobra. Se a linha de preços previstos elevar-se em demasia, as empresas podem esperar a entrada de outros concorrentes no mercado para iniciar novamente a escalada.

A reversão do ímpeto só é factível em três condições que fortalecem o poder de mercado da empresa:

- Existe um número relativamente pequeno de concorrentes que precisam ser controlados.

- Existem grandes barreiras à entrada que estão protegendo as empresas estabelecidas.

- As empresas têm vontade e habilidade para reduzir sua capacidade para simular uma escassez e, com isso, acentuar os preços.

Se o setor não tiver condições para reverter o ímpeto, então é necessário criá-las por meio da reestruturação do setor. Em setores como o de cimento, alguns poucos concorrentes internacionais estão adquirindo produtores locais de um país a outro. Em seguida, eles diminuem a capacidade interna de cada país de criar escassez e aumentos de preço e então aumentam a sobreposição dos pontos de apoio entre seus territórios para que um influencie o comportamento do outro na determinação de preços. Visto que os custos de transporte são altos, existem barreiras naturais à entrada que restringem a capacidade das importações de minar os aumentos de preço que eles impõem no mercado local. Portanto, é possível elevar os preços nos mercados atormentados pelas intensas e crescentes guerras de preços.

CONTROLE O MOTO CONTÍNUO

Controlar o ímpeto é mais crítico em mercados hipercompetitivos do que em ambientes estáveis. Quando o processo de imitação é fácil, o ritmo das mudanças tecnológicas é rápido ou as necessidades e prioridades dos clientes mudam com frequência, a armadilha da escalada pode reaparecer incessantemente. Para tentar escapar da armadilha, as empresas buscarão um novo **benefício principal** para substituir o antigo, reiniciando interminavelmente o ciclo de diferenciação e escalada. Um novo benefício principal pode se tornar um diferenciador fundamental para os produtos no mercado porque:

1º) Costumava ser um benefício secundário, mas se tornou prioridade máxima para os clientes porque a concorrência neutralizou o benefício principal anterior; ou

2º) É um novo benefício nunca antes oferecido no mercado e de repente passou a ser valorizado pelos clientes porque suas preferências mudam com frequência; ou ainda

3º) Algumas empresas desenvolvem capacidade de produção que o torna acessível à grande massa. O ciclo parece infindável.

Porém, como vimos no exemplo da Primo, as empresas que conseguem reconhecer esse padrão podem aproveitar o ímpeto da escalada para impulsionar seu próprio desenvolvimento e sabotar as estratégias dos concorrentes. Ou, se for possível obter suficiente poder de mercado, elas podem congelar ou reverter o ímpeto. Para isso, devem reduzir a escalada promovendo um rearranjo ou uma consolidação do mercado. E se seu pessoal tiver sido treinado e motivado a ter perseverança e resistir ao "cansaço da iniciativa", a uma fadiga da vontade de estar sempre iniciando algo, eles também podem lidar com uma série de ciclos de escalada para redimensionar o ímpeto repetidamente.

Independentemente da estratégia de ímpeto que você escolher, a escalada em algum momento recomeçará, em decorrência de mudanças tecnológicas, de novos concorrentes ou de novos participantes disruptivos ou ainda pela mudança nas necessidades dos clientes. Você sempre precisará fazer manobras para conseguir posições melhores. E, como disse uma vez a ex-primeira-ministra da Inglaterra Margaret Thatcher: "Pode-se ter de travar uma batalha mais de uma vez para vencê-la."

CAPÍTULO 5

O diamante sem lapidação

Como continuar buscando sua melhor posição competitiva

Grande parte deste livro procurou investigar de que forma as empresas podem identificar o tipo de armadilha de *commodity* que estão enfrentando — e então implantar estratégias para superá-la. Em outras palavras, nossa principal preocupação é saber como as empresas podem se livrar de uma armadilha da comoditização já em vigor ou iminente. Porém, obviamente, na maioria das vezes mais vale prevenir do que remediar; **a antecipação é preferível ao apocalipse**.

No futuro, será indispensável reconhecer uma armadilha da comoditização antes que ela seja acionada — e tomar as medidas preventivas necessárias. Ao mesmo tempo, é fundamental perceber que, para aqueles que estão preparados para aproveitar ao máximo o momento, a comoditização traz consigo oportunidades e também ameaças. Todo aspecto adverso pode ter um lado positivo. A capacidade de olhar adiante, para analisar os desdobramentos possíveis de um mercado e poder demarcar uma posição vantajosa, é inerente à iniciativa de lidar com as armadilhas da comoditização e aproveitar as janelas de oportunidade que elas apresentam. Como disse o filósofo chinês Lao Tzu: "As oportunidades multiplicam-se à medida que são agarradas."

Análises criteriosas e factuais com frequência podem identificar **janelas de oportunidade** que não são evidentes para outras pessoas. O segredo para prever

104
SUPERANDO AS ARMADILHAS DA COMODITIZAÇÃO

uma armadilha consiste em perceber o que os concorrentes estão fazendo, examinando seus comportamentos anteriores ou, como no caso da Primo descrito no Capítulo 4, tentando compreender sua estratégia com base na trajetória de seus movimentos.

A análise de custo-benefício pode ser empregada para identificar mudanças nas posições e na dinâmica da concorrência, bem como para reconhecer quando o benefício principal está prestes a mudar. Essas mudanças são como terremotos. Elas podem abalar um setor inteiro, mas podem ser previstas. Ao identificar as fissuras e os abalos que podem provocar mudanças maiores, a empresa tem como se posicionar no lado certo da fissura ou até mesmo assumir uma posição para tirar proveito do próprio abalo.

Examinando mais detalhadamente diferentes benefícios e compreendendo de que modo eles mudam ao longo do tempo, podemos ver com maior clareza as oportunidades existentes para derrotar as armadilhas da comoditização com as estratégias discutidas anteriormente: **redimensionar**, **suplantar**, **selecionar**, **conter** e **evitar**.

A maioria dos executivos com os quais conversei estão tranquilos com relação à ideia de aproveitar ao máximo as oportunidades. Eles sabem que em geral é bem melhor assumir uma postura proativa do que uma postura reativa. O problema é que nem por isso eles conseguem enxergar a janela de oportunidade a tempo de aproveitá-la. Antecipar os movimentos do mercado em que atuam é exatamente o que vários executivos competentes tentam a todo custo fazer. Muitos se sentem como um alce hipnotizado pelos faróis de um carro no meio da estrada, sobressaltados com ameaças imprevistas.

De que forma podemos saber que um abalo está para prestes a ocorrer? Quando precisamos mudar? Como podemos perceber o que nossos concorrentes vão fazer antes que eles o façam? Essas são as perguntas que costumo ouvir com frequência. As respostas encontram-se na **antecipação**.

ALIMENTO PARA O PENSAMENTO

Para começarmos a encontrar algumas respostas a essas perguntas, vamos dar uma olhada em algumas pesquisas que realizei em Nova York.[1] Aí vai um exemplo de uma organização que queria ter certeza de que havia previsto o rumo do mercado e de que tinha agilidade suficiente para realizar mudanças e evitar uma armadilha iminente.

Colaborei com uma empresa hoteleira com o objetivo de ajudá-la a reposicionar os restaurantes de sua cadeia de hotéis na cidade de Nova York.[2] Ela precisava identificar que batalhas deveria travar e como poderia suplantar seus concorrentes no mercado nova-iorquino de restaurantes, no qual a proliferação é crescente. Fomos direto ao cerne da questão. O que determina o preço de uma refeição? A localização? O tipo de culinária? A experiência dos fregueses no restaurante? Os determinantes de preço estão mudando? Quais as implicações que isso tem para o reposicionamento dos cardápios e da estrutura de determinação de preço? A empresa deve abrir ou fechar alguns restaurantes ou deve acrescentar entretenimento e outros atrativos?

Analisamos estatisticamente os dados sobre os restaurantes nova-iorquinos publicados no guia Zagat, relativos a um período de três anos, analisando retroativamente o preço de uma refeição em relação a diversos benefícios oferecidos pelo restaurante. Os restaurantes variavam desde o *Gray's Papaya*, com uma oferta especial de dois cachorros-quentes e um drinque tropical por 2 dólares, ao elegante restaurante francês de frutos do mar *Le Bernardin*, que cobrava em média 75 dólares por pessoa por um jantar e uma bebida. A amostra incluía quase 1.700 restaurantes, de todos os tipos de culinária (como a chinesa, mexicana, russa e norte-americana), em todos os distritos e bairros da cidade.

As constatações de nossa análise de custo-benefício com relação à experiência e à culinária oferecidas pelo restaurante foram fascinantes. Descobrimos que a experiência e os atributos especiais oferecidos pelo restaurante acrescentavam diferentes valores ao preço médio de uma refeição.

O benefício principal, a experiência do cliente dentro do restaurante, baseava-se na somatória de três escalas de trinta pontos, nas quais os clientes classificavam sua satisfação com a **comida**, o **serviço** e a **decoração**, respectivamente.[3] Portanto, em teoria, essa experiência poderia ser classificada de 0 a 90 pontos, mas nenhum restaurante recebeu **zero** nem a nota **máxima**. Cada ponto acima na classificação da experiência acrescenta pouco mais de 1 dólar ao preço de uma refeição, com uma variação de aproximadamente 7 a 8 dólares, na classificação mais baixa de experiência do cliente, a 70 dólares na classificação mais alta. Descobrimos que a satisfação com a experiência dentro do restaurante motivava 73% da variação nos preços, enquanto a culinária motivava apenas 3,5% da variação adicional nos preços e a localização apenas 2,5%. **Em suma, ter uma excelente experiência é mais importante do que o tipo de culinária escolhido pelos clientes.**[4]

Cada um dos outros atrativos, como jantar ao ar livre ou em restaurante de hotel, música dançante e entretenimento, e dos outros atributos exclusivos foi responsável por mais ou menos 1% da variação. Mas essas características motivavam 21% da variação nos preços. A importância relativa desses benefícios foi uma surpresa para a gerência do hotel, que supunha que a localização fosse o determinante de preço mais importante.

106
SUPERANDO AS ARMADILHAS DA COMODITIZAÇÃO

Ao constatar que a localização não é tudo, nossa surpresa seguinte foi que, embora a localização de um restaurante em um hotel acrescentasse de 2 a 3,60 dólares ao preço da refeição, o impacto do preço sobre os jantares em hotéis havia diminuído no decorrer dos três anos anteriores. Para os gerentes da empresa hoteleira, isso demonstrava a urgência e justificativa para algumas mudanças sérias e um exame de consciência. Por fim, eles decidiram redecorar e remodelar alguns restaurantes para que parecessem independentes. A primeira medida foi mudar a entrada principal para a rua, com uma entrada secundária pelo saguão do hotel. Essa foi a solução encontrada para minimizar a queda de poder dos restaurantes de hotel na atribuição de preços.

UM FATOR DUVIDOSO

Essa pesquisa motivou os gerentes da empresa hoteleira a mudar de tática em vários sentidos para que de fato agarrassem as oportunidades que surgiam. Eles constataram que as atrações ao vivo não aumentavam o preço da refeição porque a maioria dos restaurantes não inclui o *couvert* artístico no preço das refeições. Ao mesmo tempo, os restaurantes com pista de dança, que cobravam de 4,50 a 7,25 dólares (um valor médio de 5,88 dólares) a mais, nos três anos anteriores haviam conseguindo ganhar maior poder para determinar os preços. É claro que os idealizadores do projeto dos hotéis W da Starwood sabiam o que eles estavam fazendo quando acrescentaram a esse formato casas noturnas e restaurantes dançantes como forma de diferenciar a cadeia.

A gerência da empresa hoteleira reconheceu o quanto essa tática era sábia. Em vez de investir em mais restaurantes ao ar livre, como queria fazer antes dessa análise, resolveu criar pistas de dança — especialmente quando percebeu que os jantares ao ar livre na verdade acrescentavam pouco ao preço de uma refeição e estava perdendo o poder enquanto determinante de preço.

A pesquisa não parou por aí. **E quanto ao que de fato era servido nos pratos?** O tipo de culinária com certeza tem influência sobre os preços. As churrascarias acrescentaram de 5,70 a 7,40 dólares na conta e os restaurantes franceses acrescentaram de 3,75 a 5,30 dólares, enquanto os restaurantes chineses e gregos foram na realidade penalizados por seu tipo de culinária. As pizzarias foram as que mais sofreram, com descontos de 4 a 5,70 dólares, e os restaurantes tailandeses perderam de 2,30 a 4,20 dólares.

O que se evidenciou nesse aspecto foi que o poder de diferentes cozinhas na determinação dos preços era instável. No caso dos restaurantes franceses, embora estivessem impondo preços elevados, seu preço estava na realidade diminuindo. As churrascarias estavam apenas chapinhando na água, enquanto os preços dos restaurantes de frutos do mar estavam aumentando. O preço das comidas chinesa e grega estava voltando a se erguer do abismo (passando do negativo para zero) e os preços da cozinha russa estavam subindo rapidamente. Em resposta, a empresa hoteleira acrescentou pratos de frutos do mar a vários cardápios e opções de comida russa e francesa em alguns restaurantes de culinária exclusivamente francesa. E alguns restaurantes tailandeses foram fechados e substituídos por restaurantes com outro tipo de culinária, especialmente de frutos do mar, acrescentando de 1,40 a 2,70 dólares (uma média de 2,05 dólares) ao preço de uma refeição e aumentando, portanto, o poder de determinação de preços.

Evidentemente, a localização ainda era uma questão controversa. O poder de determinação de preços dos restaurantes em diferentes localizações era variável. A empresa hoteleira diminuiu o tamanho de seus restaurantes nas áreas em que o preço havia caído, supondo que a concorrência local fosse extremamente acirrada ou que os pontos fossem muito fora de mão para pessoas não hospedadas no hotel. O espaço remanescente foi utilizado para outras atividades que poderiam gerar receitas.

Finalmente, examinamos o impacto variável do benefício principal (a experiência do cliente no restaurante) sobre os preços. A linha de preços previstos ficou mais inclinada no período de três anos, uma indicação de que os restaurantes sofisticados haviam praticado um preço especial superior pela boa experiência proporcionada aos clientes, enquanto os restaurantes mais baratos estavam vendo seu poder de definição de preços ser corroído. Isso ocorreu na época porque a renda estava aumentando na cidade de Nova York, e as pessoas estavam frequentando restaurantes sofisticados. Para manter a participação de mercado ou estimular o crescimento, os restaurantes mais baratos foram obrigados a melhorar sua oferta. Diante disso, baixaram os preços. Por exemplo, o preço médio de uma refeição nos restaurantes que receberam a pior classificação quanto à experiência caiu de 7,20 para 5,80 dólares ao longo dos anos. Era uma boa notícia para os restaurantes dos hotéis sofisticados dessa cadeia hoteleira, mas isso criou um dilema para os restaurantes intermediários.

Para compensar a deterioração dos preços, em vez de diminuí-los, a empresa hoteleira resolveu melhorar a experiência do cliente e mudar o tipo de culinária oferecido pelas marcas intermediárias. Nos hotéis econômicos, a empresa ofereceu preços bem abaixo do preço dos concorrentes locais, a fim de gerar o movimento necessário para obter lucro.

Para antecipar armadilhas iminentes da comoditização e agarrar as oportunidades que elas oferecem, a solução é realizar análises objetivas e ter disposição para se adaptar aos resultados fornecidos por essa análise. Nossa pesquisa sobre os restaurantes nova-iorquinos identificou, estatisticamente, as equações anuais de custo-benefício que mostravam quais benefícios eram importantes e quais estavam ganhando importância; a empresa hoteleira usou essas informações para prever qual seria o comportamento mais plausível do mercado. Do mesmo modo, nos mercados que estão enfrentando um período de baixa, esse método pode ser usado para prever qual localização, culinária, experiência e outras atrações exclusivas do restaurante estão perdendo valor para o cliente, para que assim seja possível modificar, abrir ou fechar restaurantes com base nessas tendências.

A AFFINITY E MUITO MAIS

Esse tipo de análise pode também ser usado para identificar oportunidades encobertas em outros mercados e para ajudar a reconhecer a proposição de valor correta comparando-se os preços e benefícios com os dos correntes no mesmo segmento. Ela contribui igualmente para estabelecer prioridades de P&D, de modo que o departamento de desenvolvimento de produtos concentre-se naquilo que os clientes estão dispostos a pagar — não no presente, mas no futuro. Essa análise foi empregada por colecionadores para determinar o preço de selos ou moedas vendidos como coleção de diferentes países, época e condições. Foi usada também para determinar se a importância das marcas, da origem, do tipo, do teor ou da idade dos vinhos finos e dos charutos está mudando.

Talvez o mercado que mais utiliza esse tipo de análise de preço seja o imobiliário, no qual a análise de custo-benefício é usada amplamente por incorporadoras, instituições financeiras, avaliadores de imposto predial, corretores e caçadores de pechinchas. Ela pode ajudar a encontrar bairros e imóveis que oferecem oportunidades de investimento que outras pessoas ainda não estão aproveitando. O preço das residências é determinado por diversos benefícios, como qualidade do bairro, terraço e varanda, número de banheiros e quartos, e por outros atributos, como lareira e outras comodidades. Governos regionais, seguradoras e algumas empresas hipotecárias avessas ao risco impõem uma disciplina no mercado por meio de avaliadores treinados para calcular o preço previsto de um imóvel com base em dados estatísticos. Em consequência disso, a maior parte das variações de preço do mercado imobiliário é explicada pela equação de custo-benefício.[5] Portanto, a equação de custo-benefício é usada com frequência no setor imobiliário para estabelecer ou avaliar o preço de um novo imóvel residencial que está sendo lançado, de acordo com a previsão oferecida pela análise das vendas mais recentes.

Mas as empresas podem usar a análise de custo-benefício para muitas outras coisas, como reconhecer valores ainda não percebidos ou futuros no mercado habitacional. Por exemplo, uma incorporadora de imóveis californiana, a

Affinity Neighborhoods, usa a análise de custo-benefício para encontrar negócios excelentes e ainda não evidentes com base no que os clientes estão dispostos a pagar. Essa incorporadora usa um programa de *software* imobiliário para encontrar alguns tesouros escondidos em algumas das regiões mais pobres e menos atraentes na Califórnia e no Arizona, com base no valor variável dessas áreas. O programa utiliza algoritmos sofisticados para associar informações pormenorizadas sobre estatísticas criminais, notas de exames escolares e até relatórios meteorológicos e, desse modo, determinar o preço previsto de propriedades localizadas em um determinado bairro ou zona. Com isso, a Affinity prevê a probabilidade de o valor de determinadas áreas sofrerem erosão ou aumento, baseando-se nas mudanças de característica de cada bairro. Por isso, a Affinity consegue identificar e priorizar as áreas ou os bairros promissores ou em recuperação que podem ser desenvolvidos ou enobrecidos, levando em conta mudanças favoráveis nos fatores mais preditivos do valor dos bairros. É possível identificar também os bairros que devem ser evitados ou as áreas em que os imóveis devem ser vendidos antes da erosão dos preços.

Além disso, ao procurar esses tesouros escondidos, a Affinity Neighborhoods usa a análise de custo-benefício para criar uma equação que preveja se o preço de uma determinada residência deve se basear no preço atual por metro quadrado, no número de quartos ou de banheiros e na existência ou não de lareira, porão acabado ou outros componentes. Com essa equação, é possível identificar com precisão o preço previsto de uma residência específica, de um determinado tamanho ou com outras características que agregam valor. Em seguida, a Affinity comparou esse preço previsto com os preços reais para encontrar bons negócios (preço previsto menos preço real). Desse modo, a empresa pode identificar residências abaixo do preço de mercado, normalmente oferecidas por um vendedor aflito.

Além disso, a análise custo-benefício revela o valor exato de cada componente e característica determinando o quanto a diferença de preço entre os imóveis está associada com seus diferentes componentes. E com isso a Affinity fica sabendo o quanto cada componente contribui para a variação dos preços entre imóveis distintos. A empresa identifica residências específicas em que o custo de benfeitorias ou de restauração (como a construção de um terraço, modernização da cozinha ou reformas do telhado) é inferior ao aumento do valor justo de mercado decorrente dessas benfeitorias e restaurações. A Affinity conseguiu identificar oportunidades para comprar, reformar e revender residências, obtendo um retorno médio de 50% sobre o investimento antes da contração de crédito de 2008/2009.

Durante períodos de baixa no mercado imobiliário, a análise de custo-benefício é usada para identificar os bairros que serão menos afetados pela queda de preços e para determinar quais características do bairro estão diminuindo mais acentuadamente os preços (como índice de criminalidade, tamanho médio do

110
SUPERANDO AS ARMADILHAS DA COMODITIZAÇÃO

terreno, variedade e tipo de empregadores vizinhos, número de outras residências à venda, qualidade das escolas, disponibilidade de áreas de recreação, congestionamento de trânsito e distância em relação a grandes empregadores. E quando a possibilidade de mudança para melhor começa a dar sinais, a análise de custo-benefício pode identificar quais atributos da residência e do bairro serão os primeiros a dar sinais de melhora, oferecendo uma visão antecipada das oportunidades para comprar por um preço baixo e vender por um preço alto. Além disso, quando os preços diminuem, o valor real de uma residência normalmente não reflete seu preço de tabela. Em geral, os vendedores recusam-se a abaixar os preços por teimosia ou por não querer reconhecer uma queda de preço real. Isso permite que os compradores de hipoteca ou as financeiras observem até que ponto uma casa está afundada, com base no valor da hipoteca que ela ainda deve. As hipotecas em geral ficam documentadas nos arquivos públicos (cartórios para escritura e registro e outros direitos imobiliários). Se o valor real da residência for inferior ao valor da hipoteca, existe a oportunidade de mudar a cabeça do vendedor apresentando os fatos ou de comprá-la com crédito de caráter excepcional para vendê-la no futuro. Em algumas áreas, os compradores de hipoteca procuram identificar os bairros que se recuperarão mais rapidamente, comprando os empréstimos de risco nesses bairros por 40% do valor real da residência, refinanciando o empréstimo com o proprietário e aguardando para repassá-lo quando o valor aumentar. Isso melhora o preço do empréstimo porque diminui o risco do empréstimo que tenha oferecido garantia de pagamento mais elevada.

Embora as equações de custo-benefício não sejam comumente utilizadas em outros mercados (não imobiliários), elas têm sido empregadas para associar um preço específico com os benefícios de diferentes produtos, especialmente nos mercados em que a determinação de preços não é transparente para compradores e vendedores ingênuos, como na avaliação de moedas, antiguidades e artes. Isso permite que colecionadores e negociantes encontrem bons negócios que podem ser comprados ou revendidos a pessoas menos informadas. Os mercados avaliam implicitamente cada benefício oferecido por um produto e acrescentam-no ao preço, do mesmo modo que os mercados acionários investigam as características da empresa ao avaliar suas ações. Portanto, relações claras entre o custo-benefício e as equações de custo-benefício surgem em vários mercados, e isso torna a arbitragem possível em diversos casos nos quais nem todos os compradores e vendedores conhecem os preços.

Os colecionadores usam as equações de custo-benefício para identificar o preço que os charutos, selos e moedas provavelmente alcançarão nos leilões ou então para encontrar os melhores negócios — em geral vendedores particulares que estabeleceram um preço extremamente baixo para seus produtos. Além dos altos e baixos do mercado, os colecionadores podem monitorar as diferenças nas preferências do comprador e alterar, aumentar ou diminuir suas coleções de acordo. Por exemplo, o preço da moeda de ouro aumentou com a recente retração econômica, enquanto as coleções de selos enfrentaram uma queda de preço prolongada nos segmentos inferior e médio, que começou bem antes do dessa retração.

AGARRE AS OPORTUNIDADES: ESTABELEÇA AS PRIORIDADES DE P&D

"Estejam preparados", adverte-se aos escoteiros. Os executivos que estão enfrentando alguma armadilha da comoditização poderiam aprender com esse lema. O segredo para criar estratégias eficazes e superar as armadilhas da comoditização é estar preparado, sincronizando suas iniciativas de P&D com suas necessidades futuras de novos benefícios ou custos mais baixos. Você deve criar em especial os benefícios desejados pelos clientes nos diferentes segmentos ou mercados que você almeja entrar, como parte da estratégia para refrear ou suplantar os concorrentes. Além disso, você deve sequenciar os benefícios que estão sendo desenvolvidos pela área de P&D para viabilizar iniciativas e evitar, enfraquecer ou dominar os concorrentes responsáveis pela comoditização do mercado.

Como vimos com o *iPod*, da Apple, determinar o momento certo para introduzir novos recursos pode ampliar consideravelmente a expectativa de vida de um produto de prestígio. A análise de custo-benefício pode ajudar a orientar a estratégia de P&D no sentido de prepará-la para gerar benefícios indispensáveis à criação de proposições de valor para o futuro.

Mas em que área os recursos financeiros de P&D de uma empresa devem ser aplicados?

PATINE PARA ONDE O DISCO ESTÁ INDO

Os novos produtos e serviços são uma fonte de crescimento extraordinário para as empresas. Robert Cooper, em seu livro *Winning at New Products* [*Vencendo com Novos Produtos*], estima que os produtos que não eram vendidos há cinco anos (incluindo extensões e aprimoramentos) são responsáveis por 33% em média das vendas de uma empresa, e esse número chega a 100% em alguns setores de rápido crescimento.[6] Contudo, algumas pesquisas constataram que os índices de insucesso dos produtos recém-lançados atingem 50% ou mais.

Por quê? Susumu Ogawa e Frank Piller concluem em sua análise que o principal motivo desse insucesso é que esses produtos "não têm mercado". Em outras palavras, eles oferecem benefícios pelos quais os consumidores não estão dispostos a pagar. Além disso, Ogawa e Piller ressaltam que as abordagens tradicionais

112
SUPERANDO AS ARMADILHAS DA COMODITIZAÇÃO

de pesquisa de *marketing*, para avaliar as preferências dos consumidores, como os grupos focais (*focus groups*) e até mesmo as pesquisas quantitativas, apresentam sérias limitações. O maior problema é que essas ferramentas estão fundamentadas nas intenções manifestadas pelos clientes, e não no comportamento de compra real, e ambos com frequência são bem diferentes.

Ademais, as empresas podem acabar enfrentando problemas ao lançar produtos **me-too** ("eu também").* Cooper constatou que produtos superiores e diferenciados, com benefícios reais para os clientes, têm cinco vezes mais sucesso e participação de mercado do que esses outros produtos.[8] Em outras palavras, as empresas se saem bem melhor quando encontram posições diferenciadas no mapa de custo-benefício por oferecer benefícios pelos quais os clientes estão dispostos a pagar mais, em vez de imitar e deslocar-se para posições saturadas.

Minha experiência com gerentes seniores me diz que mesmo os melhores gestores não são muito bons para identificar essas posições. Quando indagados sobre até que ponto seus produtos são comparáveis aos dos concorrentes, geralmente seus pontos de vista divergem do valor oferecido por seus produtos. Normalmente, eles têm opiniões distintas a respeito do posicionamento de seus produtos ou então negam o benefício do produto do concorrente. Embora tenham acesso a uma profusão de informações, não raro eles ignoram dados concretos em favor de opiniões e interpretações equivocadas, fiando-se, na maioria das vezes, em experiências próprias já superadas, na linha de comando, e em uma intuição desprovida de informações atualizadas acerca do comportamento de compra dos consumidores e das estratégias de determinação de preços dos concorrentes. Os dados sobre preço e benefício muitas vezes ficam guardados a sete chaves nos armazéns de dados ou então existem apenas na mente de alguns poucos indivíduos, à espera de serem sintetizados, codificados e transmitidos a todas as pessoas que trabalham com pesquisa básica, engenharia, projetos, vendas, propaganda e decisões estratégicas. Conseguir visualizar o posicionamento de custo-benefício é um sério desafio, mas expor sua posição de custo-benefício de uma maneira convincente e exata pode ser decisivo para prever e desenvolver produtos e estratégias de posicionamento de custo-benefício de maior qualidade que justifiquem preços especiais e estimulem os clientes a comprar mais.

O grande jogador de hóquei Wayne Gretzky afirmou de forma memorável que ele **"patina para onde o disco está indo"**. Parte dessa habilidade se baseia

---

* Produtos em grande medida semelhantes (equiparáveis) aos fabricados por outras empresas que já estão no mercado. Por exemplo, um fabricante de brinquedos que observa a grande popularidade do produto de um concorrente e então decide fabricar uma versão praticamente idêntica. (N. da T.)

na apreensão intuitiva da física do gelo e do movimento dos outros jogadores. Essa intuição pode ser aguçada por meio de um programa analítico que calcule a resistência muscular dos outros jogadores, a força de uma tacada rápida, a velocidade do disco e as condições do gelo. Um analista ou físico poderia fazer isso com muita habilidade, mas nem por isso colocaria o disco no gol. É isso o que uma análise detalhada de custo-benefício pode fazer. Em suma, ainda assim o taco de hóquei tem de estar nas mãos de um jogador qualificado para avaliar a situação e agir rapidamente.

A comoditização é um jogo de movimentos e lances rápidos. Muitas vezes não há tempo para uma análise detalhada. O mapa de custo-benefício pode ser esboçado com rapidez com base em dados fundamentados mas impressionáveis ou com base apenas em algumas semanas de pesquisa rigorosa. Em ambos os casos, ele oferece uma elucidação gráfica da posição atual dos concorrentes e das mudanças pelas quais eles passaram ao longo do tempo. Mas somente o conhecimento sobre o setor, uma análise da concorrência e algumas estimativas conjecturais fundamentadas podem nos levar à resposta correta em qualquer análise baseada em fatos. Consequentemente, as análises de custo-benefício, associadas à intuição gerencial e a experiências que estão em consonância com os últimos acontecimentos, são sempre indispensáveis para avaliar a situação, prever a direção que o mercado está seguindo e sair na frente.

O DISCO ACABA AQUI

O tipo de análise que descrevi pode ajudá-lo a reavaliar sua linha de produtos se você observar o mercado através da lente de vários tipos de cliente, com necessidades e prioridades distintas. Você pode mapear e remapear os produtos usando diferentes benefícios no eixo horizontal, para verificar como o posicionamento dos produtos se altera. Se você conhecer as prioridades que diferenciam os tipos de cliente atribuídos a diferentes benefícios, poderá classificar e mapear cada um de seus produtos usando o benefício principal priorizado por cada grupo de clientes.

Por exemplo, suponha que ao realizar uma pesquisa com grupos focais, você fique sabendo que, ao serem indagadas a respeito de automóveis, as pessoas que utilizam o carro como meio de transporte responderam que a economia de combustível é mais importante, atribuindo 50 a esse fator, em uma escala de classificação de prioridade de 100, 30 à segurança e 20 a bancos confortáveis. A plotagem do preço em comparação com a economia de combustível lhe oferece uma perspectiva sobre os produtos segundo a visão desse segmento, revelando se você está bem posicionado no segmento de consumidores que utilizam o carro para se lo-

114
SUPERANDO AS ARMADILHAS DA COMODITIZAÇÃO

comover para o trabalho. Os mesmos carros podem ser vistos de maneira bastante distinta por motoristas masculinos de 18 anos de idade, que valorizam muito mais outras características, atribuindo um peso consideravelmente maior à potência do motor e ao *design* sensual, em comparação ao segmento que utiliza o carro para trabalhar. Portanto, os mesmos produtos serão posicionados de uma forma em grande medida diferente quando representados em um gráfico de preço (custo) em contraposição à potência do motor e ao charme do *design*. Você pode usar os resultados para reposicionar sua linha de produtos, de modo que ela se ajuste ao segmento que você deseja atingir, ou, de maneira inversa, para determinar o segmento de clientes que se sentiria mais atraído por seus produtos e a direção para a qual você deve apontar suas iniciativas de marketing e de P&D de produtos.

O fato é que a comoditização não vai embora tão cedo. Os executivos pragmáticos aprendem a conviver com ela. Os executivos inteligentes podem tirar proveito dela. Eles encontrarão métodos para analisar e prever seus mercados. Dessa forma, conseguirão identificar janelas de oportunidade que podem ser aproveitadas. Neste livro, tentei demonstrar como é possível não apenas sobreviver — mas de fato prosperar — com a comoditização.

Em suma, usando a análise de custo-benefício e uma boa avaliação gerencial para prever as diferentes armadilhas da comoditização e as oportunidades criadas por elas, os executivos podem se manter um passo à frente. Ou, dizendo a mesma coisa de outra forma, você evita o que Oscar Wilde definiu como os extremos do cético — **"um homem que sabe o preço de tudo e não sabe o valor de nada"** —, bem como as ciladas do sentimentalista — **"um homem que vê um valor absurdo em tudo e não conhece o preço de mercado de coisa alguma"**.

Contudo, no final, tudo depende de você. Prever a armadilha. Escapar da armadilha. Destruir a armadilha. Tirar proveito da armadilha. Ou cair na armadilha. **A escolha é sua!**

APÊNDICE

Dicas para realizar a análise de custo-benefício

O método que sustenta a pesquisa desde livro é a análise de custo-benefício, um conjunto de ferramentas e técnicas que desenvolvi ao longo de vários anos. Esses métodos baseiam-se no que os economistas chamam de **regressão de preços hedônicos** – ferramenta estatística utilizada para calcular a equação de custo-benefício e prever quais características dos produtos determinam os preços em um determinado mercado. A elaboração de mapas de custo-benefício e o cálculo das equações de custo-benefício por meio de ferramentas estatísticas exigem várias avaliações e destinam-se a inúmeras finalidades. Este apêndice apresenta uma visão mais pormenorizada sobre os métodos e abordagens de custo-benefício que utilizamos nos casos descritos no corpo principal deste livro. Por trás dessas análises há uma quantidade considerável de minúcias e dificuldades. O objetivo deste apêndice é abarcar alguns dos conhecimentos obtidos na realização dessas análises.

VISÃO GERAL: MAPEANDO O MERCADO

Para identificar as três armadilhas da comoditização, desenvolvi uma ferramenta denominada **mapa de custo-benefício**, que fundamenta grande parte da análise realizada neste livro e foi objeto de um artigo que escrevi para a *Harvard Business Review* (*Mapping Your Competitive Position*) em novembro de 2007. O deslocamento em direção à extremidade esquerda inferior do mapa de custo-benefício (baixo custo-pequeno benefício) representa a deterioração e o deslocamento em direção à extremidade direita inferior (alto benefício-baixo custo) representa a escalada. Entretanto, o movimento que converge para um único ponto (um produto central) circunda uma posição específica no mapa com vários produtos circunjacentes, e isso representa a proliferação.

Em sua forma mais simples, o mapa de custo-benefício mostra a relação entre o benefício principal que um produto oferece aos clientes e os preços de todos os produtos em um determinado mercado. Os mapas de posicionamento ajudam as empresas a atravessar o nevoeiro que encobre o cenário competitivo. Para criar um mapa desse tipo, são necessários três passos:

- **Estruture sua análise – defina o objetivo da análise e do mercado que você deseja investigar.** Para traçar um mapa significativo, você deve especificar as fronteiras do mercado no qual está interessado. Primeiro, identifique as necessidades dos clientes que você está procurando avaliar. É fundamental abranger um amplo escopo de produtos e serviços que satisfazem essas necessidades. Segundo, escolha o país ou a região que você deseja analisar. Terceiro, decida se você deseja enfrentar todo o mercado de um produto ou apenas um segmento específico – por exemplo, você deseja investigar o mercado varejista ou atacadista ou enfrentará individualmente cada produto e marca? É possível criar diferentes mapas. Para isso, basta mudar a estrutura de análise. O tipo de mapa que será gerado dependerá do seu objetivo – isto é, você está interessado na posição atual, em uma trajetória passada para tirar conclusões sobre o futuro ou nas diferenças entre segmentos de mercado distintos?

- **Defina a dimensão do mapa – escolha o preço e identifique o benefício principal.** Assim que você definir o objetivo e o mercado, precisará especificar o escopo de sua análise de preços. Neste ponto, tem de decidir se deve comparar preços iniciais ou preços que abranjam custos de ciclo de vida, preços com ou sem custos de transação e preços de produtos oferecidos individualmente ou em pacotes. Essas escolhas dependem dos parâmetros que os clientes utilizam para tomar decisões de compra. Lembre-se de usar preços ajustados à inflação, porque você pode se enganar ao pensar que os preços estão subindo quando na verdade eles estão baixando em termos reais. O passo seguinte é identificar o benefício principal – aquele que justifica a maior variação nos preços.

Isso tende a ser complicado. Normalmente, um produto oferece diversos benefícios: funções básicas, recursos adicionais, durabilidade, facilidade de manutenção, estética, facilidade de uso e assim por diante. Muitas vezes, as empresas diferenciam seus produtos concentrando-se em um benefício diferente do oferecido pelos concorrentes. Mas o êxito das estratégias depende do valor que os clientes, e não as empresas, atribuem às características dos produtos. Para determinar esse valor, você deve elaborar uma lista de benefícios oferecidos por todos os diferentes produtos ou marcas no mercado e, em seguida, coletar dados sobre a percepção dos clientes sobre esses benefícios. Você deve usar dados imparciais, em vez de se fundamentar na intuição ou nas opiniões de seus gerentes executivos. Além disso, o benefício principal pode ser identificado por meio de grupos focais ou de uma análise estatística concreta que utiliza a análise de regressão dos preços em comparação com os benefícios para verificar qual deles mais influencia o preço. Existe uma variedade crescente de classificações de produto criadas por organizações independentes e publicações como a *Consumer Reports* e JDPower que podem ser empregadas nessa análise. Às vezes, o benefício principal na verdade é uma combinação de atributos acoplados. Por exemplo, minha análise mostrou que a "experiência do cliente" – uma combinação de três atributos altamente correlacionados no segmento de restaurantes (decoração, qualidade da comida e atendimento) – respondia por 73% da variação nos preços dos restaurantes da cidade de Nova York.

- **Interprete os dados – faça a plotagem das posições, trace a linha de preços previstos, identifique grupos e tendências estratégicas e avalie as implicações dos resultados.** Assim que você identificar o benefício principal, estará pronto para traçar o mapa, plotando a posição de cada produto ou marca da empresa no mercado, de acordo com o preço e o nível de benefício principal oferecido. Esses mapas de posicionamento mostram as posições relativas dos concorrentes em uma escala comum. Em seguida, você deve traçar a linha de preços previstos – aquela que se encaixa melhor nos pontos do mapa. Essa linha mostra quanto os clientes esperam pagar em média para obter diferentes níveis de benefício principal. Além disso, a inclinação da linha indica o valor adicional que um cliente está disposto a pagar por um benefício principal superior. Os produtos repousam em ambos os lados da linha não por acidente, mas em virtude das estratégias das empresas. As empresas posicionam um produto acima da linha para maximizar os lucros. Para isso, basta elevar o preço a curto prazo ou motivar os clientes a pagar um preço superior pelos benefícios secundários. Alternativamente, as empresas podem colocar seus produtos abaixo da linha para maximizar a participação de mercado. Para isso, basta cobrar menos do que o esperado ou remover alguns benefícios secundários para atrair clientes sensíveis ao preço. Algumas vezes, os produtos ficam abaixo da linha porque contêm **"detratores"** – características que geram repulsa ou desagradam os clientes. Por fim, você pode procurar produtos que se encaixam em determinados grupos de produtos semelhantes. Alguns grupos conterão produtos básicos e baratos, outros conterão produtos intermediários, com preços elevados ou superelevados. Esses grupos podem se posicionar ao longo da linha ou refletir posições de preço alto (acima da linha) ou de desconto (abaixo da linha). Se você fizer a análise em vários momentos diferentes, é provável que identifique tendências – por exemplo, como a linha de preços previstos está mudando ao longo do tempo, como os produtos estão sendo reposicionados, quais benefícios dos produtos estão ganhando ou perdendo importância n a determinação de preços no mercado e se a concorrência relativa a um determinado grupo está se tornando mais intensa com a entrada de novos concorrentes ou produtos emergentes ou extremamente bem-sucedidos. A seguir, apresentamos mais alguns detalhes importantes sobre esses três passos.

ESTRUTURANDO SUA ANÁLISE

Sem um objetivo ou sem definir o mercado que se deseja investigar, o mapeamento e a análise de custo-benefício podem consumir muito tempo.

Defina o objetivo da análise de custo-benefício

As aplicações possíveis do mapeamento e das equações de custo-benefício são inúmeras e variadas. Porém, antes de começar a realizar sua análise, é fundamental determinar as questões estratégicas específicas para as quais você deseja obter respostas. É melhor prever ou diagnosticar a armadilha? Ganhar vantagem sobre os proliferadores? Enfraquecer os concorrentes inferiores que oferecem descontos? E assim por diante. Do contrário, é fácil afundar no lodo com tamanha confusão. É também oportuno determinar as medidas estratégicas que você está disposto a avaliar. Quais estratagemas que estão sobre seu controle podem ou devem ser usados para lidar com as questões que você está analisando? Você está pensando em promover mudanças em seu orçamento de P&D ou propaganda? No posicionamento de seu produto? Em sua estrutura de custos? Em suas decisões sobre preços? Você deseja ver as tendências ao longo do tempo ou examinar a posição atual de seus concorrentes? Ter clareza quanto ao propósito da análise pode economizar um bocado de tempo e dinheiro no processo de coleta de dados e evidenciar de que forma os dados devem ser empregados e interpretados. O objetivo influi no modo como você definirá as fronteiras de mercado de sua análise, selecionará os métodos a serem usados e interpretará os resultados, tal como analisamos mais detalhadamente a seguir. Não obstante, algumas vezes a falta de clareza é benéfica. Ela pode dar espaço para uma descoberta feliz e inesperada de problemas e oportunidades que poderiam não ter sido previstos no início do processo. Portanto, às vezes é bom deixar os dados falarem por si mesmos, em vez de se recusar a aceitar os fatos.

Defina as fronteiras do mercado

Ao aplicar o mapeamento de custo-benefício a um mercado, talvez seja difícil interpretá-lo se você não o tiver elaborado apropriadamente. Em primeiro lugar, é fundamental definir as fronteiras do mercado restringindo o escopo geográfico e o segmento de clientes a ser analisado. Quando existirem diferenças importantes nos produtos, agrupar os clientes ou concorrentes que poderiam confundir a interpretação do mapa, talvez impeça que você enxergue com clareza de que forma os clientes estão definindo o benefício principal oferecido no mercado ou o método que eles usam para definir o preço no mercado. Portanto, é indispensável obter uma definição rígida do mercado.

Se você estiver procurando obter um panorama da amplitude da concorrência entre diferentes segmentos, poderá melhorar sua análise se incluir todos os produtos rivais (e até mesmo os substitutos) que concorrem entre si para atender às mesmas necessidades ou a necessidades semelhantes dos clientes. Do contrário, o mapa talvez ofereça uma visão parcial do mercado. Normalmente, ampliar a esfera de produtos e concorrentes é mais adequado para evitar ser pego de surpresa e ser atacado em seu ponto fraco por novos participantes, produtos incomuns, produtos substitutos (particularmente se eles atenderem à mesma necessidade dos clientes ou finalidade). Algumas vezes é útil abordar um grupo de produtos com preços e níveis de benefício principal semelhantes como um único produto, se eles não forem importantes individualmente e, quando agrupados, compuserem uma parte significativa do mercado, ou se apresentarem a possibilidade de mudar o futuro benefício principal. Com isso, você evita ignorar ameaças aparentemente insignificantes.

Em suma, se você optar por definir o mercado de uma maneira mais ampla em virtude da forma como os dados foram coletados, esses dados podem agregar vários segmentos de produtos e clientes. Por exemplo, é possível realizar separadamente essa análise para sedãs pequenos, médios, grandes, esporte e de luxo, bem como para *minivans*, utilitários esportivos e camionetes. De outro modo, você pode realizar sua análise para o setor de automóveis como um todo. A interpretação de dados de um mercado mais amplo deve se pautar pela compreensão de que as definições de preço e benefício principal serão agregadas ou distribuídas proporcionalmente ao longo do mercado. Embora seja difícil identificar o que está determinando os preços em um determinado segmento de produtos e clientes, os dados agregados podem ser usados para colher informações sobre as estratégias de posicionamento e atribuição de preços dos concorrentes entre os grupos e, por conseguinte, identificar a concorrência entre os segmentos. Com isso, você obtém uma definição global do mercado com relação ao benefício principal, ao posicionamento dos grupos estratégicos da concorrência naquele setor e ao comportamento médio de atribuição de preços em todos os segmentos incluídos. Portanto, essa análise pode fornecer informações para a empresa como um todo e sugerir o que ela deve fazer ao se preparar para vários segmentos, identificando atributos comuns entre eles e estabelecendo prioridades para a quantidade de recursos que deve ser alocada à P&D de diversos benefícios.

DETERMINANDO AS DIMENSÕES DO MAPA DE CUSTO-BENEFÍCIO

O passo seguinte na elaboração do mapa de custo-benefício é determinar de que forma os clientes e os concorrentes definem os preços e o benefício principal oferecido no mercado, para que assim você possa estabelecer as duas dimensões desse mapa. A principal definição de preço é determinada com base no modo como os compradores calculam ou percebem o preço ao tomar uma decisão de compra. Talvez os clientes só observem o preço inicial de compra ou talvez eles observem o custo total de propriedade, o preço que inclui custos ocultos, como o tempo que se leva para aprender a usar o produto ou para encontrá-lo, e o preço após a entrega e atendimento ou encargos financeiros. Dependendo da definição de mercado escolhida para realizar essa análise, o preço pode ser o praticado pelos atacadistas, o dos usuários ou de outros na cadeia de distribuição.

É também fundamental usar preços ajustados à inflação em tempos de inflação alta, para evitar interpretações equivocadas. Se visto com base nos preços nominais, o mercado pode dar a entender que está se movendo para o lado esquerdo superior do mapa de custo-benefício. Entretanto, quando se exclui a inflação, o mercado pode se mover na direção oposta. Isso é particularmente problemático quando os preços estão subindo devido ao custo dos insumos. Independentemente de os custos gerados pela escassez de matéria-prima serem repassados para os clientes, é necessário considerar se o preço aumenta completamente ou se recupera parcialmente os custos ascendentes dos insumos para o fabricante.

Além disso, a definição de preços deve adequar-se ao segmento de produtos e clientes escolhido para análise. No caso do carvão, a atribuição deve ser vista como o custo de matéria-prima do próprio carvão, os custos de matéria-prima mais as despesas de entrega ou os custos de matéria-prima e entrega mais o custo de remoção de enxofre ou resíduos. Nos segmentos de mercado em que os compradores são esclarecidos, como as companhias de utilidade pública, deve-se levar em conta o custo de uso total. Entretanto, o segmento residencial pode ser menos seletivo e basear-se somente no custo de matéria-prima mais fornecimento.

Considera-se **benefício principal** o determinante mais significativo das diferenças de preço. Para determiná-lo, é necessário relacionar todos os benefícios oferecidos pelos produtos nas fronteiras do setor selecionado para o estudo, incluindo durabilidade, índice de defeitos, consistência, segurança, eficiência, facilidade de manutenção, firmeza, conforto, acabamento, potência, desempenho, confiabilidade, satisfação com a experiência, recursos, acessórios, uso de energia, facilidade de uso, conformidade com as normas, aparência estética, tamanho e peso, ou qualquer outro atributo ou característica que possa ter valor para os clientes no segmento escolhido para a análise.

A análise de regressão é empregada para calcular a equação de custo-benefício que mais se ajusta aos dados. Esse método determina a melhor fórmula linear para:

$$\text{Preço} = f \text{ (Benefício A, Benefício B etc.)}$$

A equação com a maior R^2 geral determina qual definição de preço e benefício principal deve ser usada como dimensão do mapa. (R^2 é o coeficiente de determinação ou explicação da variação nos preços – a variável dependente – que é explicada por todas as variáveis independentes na equação de regressão: benefícios do produto, incluindo desempenho, atributos, recursos e outras características do produto que tenham valor para os clientes.) A R^2 incremental associada a cada benefício indica quanto cada benefício contribui para a variação nos preços – a maior R^2 incremental indica qual benefício é o principal.

Normalmente, os benefícios são avaliados com base em uma pesquisa a respeito das percepções dos clientes sobre cada benefício, como sua satisfação com a experiência em um determinado restaurante. Contudo, medidas mais quantitativas do benefício real do produto podem ser empregadas quando as percepções dos clientes indicarem com grande precisão os benefícios reais do produto. É fundamental evitar as percepções da gerência sobre os benefícios do produto, para não obter mapas tendenciosos.

122
Apêndice

Mesmo uma suposta *commodity* como o carvão pode apresentar uma riqueza inesperada de benefícios possíveis. Por exemplo, os benefícios do carvão incluem a quantidade de BTUs (*British Thermal Unit*, **ou seja, unidade térmica britânica**) por tonelada, teor de enxofre, resistência, resíduos produzidos e qualidade do fornecedor (confiabilidade quanto à entrega e regularidade da qualidade do produto).[1] Como o teor de energia do carvão é o que a maioria dos compradores está procurando, o fator BTUs por tonelada é o benefício principal oferecido no mercado. Porém, os benefícios secundários, como teor de enxofre e resíduos, podem tornar-se os fatores mais importantes se os usuários adotarem uma postura mais consciente com relação ao ambiente, em decorrência de regulamentações ou pressão da sociedade. Em tempos de escassez, os usuários de utilidades públicas como a eletricidade preocupam-se mais com a possibilidade de interrupção do fornecimento de energia do que com BTUs, resíduos ou teor de enxofre. Diante isso, eles se dispõem a pagar um preço extra para garantir o fornecimento. Normalmente, os benefícios secundários afetam o preço global de um produto, mas em um grau menor do que o benefício principal. Contudo, dependendo de mudanças circunstanciais, o benefício secundário pode tornar-se um novo benefício principal, no momento em que o benefício principal anterior desgastar-se. Consequentemente, talvez seja necessário refazer o mapa de custo-benefício com diferentes dimensões para diferentes períodos.

Uma forma menos rigorosa de determinar o benefício principal é investigar os clientes por meio de grupos focais, mas essa técnica na verdade não examina o comportamento de compra dos clientes, apenas o que eles estão dizendo que fazem. Além disso, não é tão eficaz empregar grupos focais para determinar o comportamento de compra global do mercado, que é a média de todos os clientes no mercado, incluindo aqueles que talvez não estejam no estudo de um grupo focal. Embora alguns levantamentos de amplo escopo possam revelar o "cliente médio", em geral eles são muito caros e seu tempo de execução é bastante longo, e isso pode ser uma séria desvantagem em ambientes que mudam rapidamente. Portanto, é melhor observar o comportamento de compra real – usando os preços que os clientes de fato pagam por um produto e os benefícios que eles de fato obtêm quando compram esse produto.

Outros métodos para avaliar os benefícios

Os dados sobre os benefícios do produto podem ser obtidos prontamente em diversas fontes, como Internet, associações de classe, revistas dirigidas aos consumidores, armazéns de dados, equipes de vendas, órgãos governamentais, a revista *Consumer Reports*, laboratórios de teste de produtos, organizações de classificação de consumidores, atacadistas, distribuidores ou empresas de inteligência competitiva em negócios. É importante se lembrar que tipos diferentes de dados criam tipos diferentes de viés interpretativo. **Nada é perfeito!** Os dados sobre preço e benefício talvez estejam fundamentados nas impressões da gerência, em avaliações objetivas sobre os benefícios do produto (como dados sobre garantia ou testes de impacto, no caso dos carros), nas classificações dadas pelos grupos focais, em dados de pesquisa sobre as percepções globais dos usuários dos produtos da empresa ou em pesquisas sobre os usuários em potencial. As impressões gerenciais são um meio rápido e barato, mas talvez muito tendencioso. Quanto aos dados concretos, em geral podemos obtê-los prontamente, mas talvez eles não correspondam às percepções dos clientes. Os grupos focais obtêm a classificação atribuída pelas pessoas que experimentaram o produto, mas a grande população talvez não conheça os vários recursos e atributos do produto. Os levantamentos junto aos clientes da empresa com frequência são tendenciosos porque não abrangem os clientes de produtos concorrentes e não consideram os não-usuários e usuários em potencial. Os levantamentos sobre todos os possíveis usuários são caros e em geral fornecem dados muito tardios para uma tomada de decisões oportuna ou então são influenciados pelo fato de os não-usuários ou usuários em potencial não conhecerem o que os produtos podem oferecer.

Como a quantidade de benefícios que podem ser incluídos na equação de custo-benefício é muito grande, em geral é melhor associar os benefícios altamente correlacionados, a fim de simplificar a análise e evitar os problemas que podem ocorrer na análise de regressão. No caso dos carros, o benefício principal identificado por nossa pesquisa (exceto os carros esporte) acabou sendo uma combinação de fatores: **capacidade de carga** (passageiros, combustível e espaço no porta-malas), **potência do motor**, **uso de combustível** e **resistência ao impacto**, todas as variáveis propensas a ter uma correlação. Em geral, os carros maiores tendem a ter motores mais potentes, ser menos econômicos e a sofrer menos danos em um acidente do que os menores. Portanto, tendem a custar a mais do que os pequenos, se todos os fatores permanecerem iguais. Como esses quatro aspectos dos carros estão todos correlacionados, eles podem ser associados em uma única medida global, chamada de **plataforma**. Observe que cada uma das variáveis é avaliada usando diferentes unidades de medida (como quilômetros por litro/milhas por galão, índices de danos em acidentes, número de passageiros etc.). Nesses casos, é importante lembrar-se de usar a **padronização** estatística – que elimina as unidades de análise convertendo cada variável em desvios padrão em relação à média –, para que assim as variáveis diferentes possam ser calculadas em conjunto.

As medidas compostas de um benefício podem ser criadas com base na intuição que se tem sobre o mercado, mas é melhor usar recursos estatísticos mais confiáveis. Elas podem ser identificadas por meio de ferramentas estatísticas normalmente empregadas por pesquisadores de mercado, como análise de componentes principais ou análise fatorial. Oferecidos na maioria dos pacotes de programas estatísticos, como o SPSS (*Statistical Package for the Social Sciences*) e o SAS (*Statistical Analysis System*), esses métodos estatísticos identificam os benefícios cujo nível de correlação é tal que podem ser agrupados em uma única escala.

Além dos benefícios correlacionados, os benefícios compostos podem ser criados por meio de uma classificação de pontos ou índice (semelhante à pontuação de crédito) que associa vários benefícios não correlacionados, mas igualmente importantes. No caso dos **telefones celulares**, o principal determinante de preços é sua **funcionalidade avançada**. É a contagem da quantidade de funções avançadas que o telefone possui (isto é, a funcionalidade dos telefones inteligentes e PDAs (*Personal Digital Assistants*, ou seja, assistente pessoal digital ou *palmtop*), como agendas, *e-mail*, navegadores de Internet, câmeras de alta resolução e *videogames*). Elas não estão correlacionadas, mas contribuem para definir um telefone mais útil, pelo qual as pessoas estão dispostas a pagar mais.

Na indústria farmacêutica, segurança (efeitos colaterais) e eficácia não se correlacionam em vários casos. A eficácia de um medicamento pode ser grande, não obstante seus possíveis efeitos colaterais ou vice-versa. Contudo, eficácia e segurança podem ser igualmente importantes porque atuam como substitutos um para o outro ou porque os clientes exigem esses dois atributos. Muitos consumidores não tomam um medicamento se ele não for eficaz e seguro. Outros pacientes levam em conta a compensação entre eficácia e segurança, e alguns concluem que a eficácia do medicamento compensa seus efeitos colaterais adversos, enquanto outros talvez prefiram tomar um medicamento menos eficaz porque o risco de efeitos colaterais é tão baixo que vale a pena apostar e experimentar um medicamento com impacto questionável. Embora não correlacionadas, a segurança e eficácia podem ser associadas em uma classificação composta para representar o benefício principal no setor, porque a maioria dos pacientes avaliará ambas em conjunto, e elas não podem ser separadas no momento da decisão de compra porque uma anula a outra.

A interpretação dos dados é afetada em grande medida pelos dados usados. Por exemplo, se você usar dados concretos para avaliar a confiabilidade dos carros e descobrir que as pessoas não pagarão um preço elevado pela confiabilidade, isso talvez signifique que a confiabilidade deixou de ser um diferenciador ou que os clientes não conseguem identificar os carros que de fato são mais confiáveis e, por isso, não estão dispostos a pagar um preço elevado por esse benefício. Ou talvez elas estejam se baseando em informações antigas, ao se lembrar de que um fabricante lhe vendeu um produto não confiável em sua última compra. Portanto, existe a possibilidade de o comportamento de compra não estar diretamente relacionado a medidas concretas dos benefícios. No entanto, com relação à compra de artigos extremamente caros, comprados e usados com frequência ou muito importantes ou notáveis para os clientes, a maioria dos mercados é **"eficiente"**. Em outras palavras, as pessoas conhecem por experiência, ou com base em dados coletados na Internet, em guias do consumidor e classificadores de produtos, qual é o valor real dos benefícios do produto. Quanto mais caro o produto, maior será sua importância para o consumidor e quanto mais o produto for usado, mais informado será o comprador, mais as percepções dos clientes refletirão as realidades do mercado.

Normalmente, podemos acessar inúmeras fontes de dados, às vezes com informações conflitantes. Por isso, é importante confirmar todos os dados que forem utilizados. Quando os dados concretos ou as classificações dos clientes entram em conflito com as impressões da gerência, os gerentes com frequência ignoram os dados concretos ou desconsideram as conclusões. Desse modo, é fundamental obter a adesão da gerência com relação às definições, às fontes e às medidas escolhidas para avaliar os benefícios e preços antes de apresentar o mapa e a equação de custo-benefício para discussão. Do contrário, aqueles que se recusam a aceitar os resultados, por rejeitá-los, podem paralisar o processo de tomada de decisões ou então esse processo pode ser desencaminhado por aqueles que resolvem utilizar os dados conspirativamente para aumentar seu poder ou favorecer objetivos pessoais.

INTERPRETANDO OS DADOS

O mapa de custo-benefício pode ser mal-interpretado com muita facilidade se for elaborado de uma maneira inadequada ou se o usuário não tiver informações fundamentadas sobre o contexto do setor, informações essas necessárias para compreender as nuanças da concorrência.

Elabore o mapa de custo-benefício e a linha de preços esperados

Assim que determinar o preço e o benefício principal, elabore o mapa de custo-benefício representando o preço em relação ao benefício principal em um gráfico. Como o mapa de custo-benefício baseia-se em um benefício principal, em um setor específico, ele não elucida totalmente as diferenças nos preços, o que pode ser explicado também pelos benefícios secundários que eram significativos na equação de custo-benefício calculada pela análise de regressão. Entretanto, o mapa de custo-benefício que se baseia no benefício principal simplifica a visualização e

126
Apêndice

mostra as posições relativas dos concorrentes de acordo com uma escala comum. Como discutido anteriormente, os desvios em relação à linha de preços previstos normalmente são explicadas pelos benefícios secundários, pelas decisões estratégicas para maximizar um produto (atribuindo um preço acima da linha), pelas decisões estratégicas para obter participação de mercado (atribuindo um preço abaixo da linha), pelas decisões estratégicas para inclinar a linha e fazer uma ou outra extremidade perder participação de mercado ou pela omissão de benefícios secundários ou de outras variáveis (como a indução intencional de uma escassez, características intangíveis difíceis de avaliar, como a imagem ou a solidez dos canais de distribuição para os quais não foi coletado nenhum dado).

O mapeamento do custo-benefício pode ser usado para gerar conhecimento sobre a empresa, a marca, a linha de produtos ou os tipos de produto sob análise. Em sua unidade de análise mais simples, o gráfico de custo-benefício pode mostrar a posição dos produtos em um determinado mercado. Contudo, se houver muitos produtos no mapa, a confusão será maior e, em virtude dessa complexidade, fica impossível compreendê-lo. Portanto, existe a possibilidade de agrupar os produtos da empresa como uma linha de produtos integrados. Nesse caso, o mapa de custo-benefício terá de usar elipses que cubram a área que a linha de produtos de cada empresa ocupa. Com isso, é possível investigar de que forma as linhas de produtos se sobrepõem e disputam posições seguras no mapa de custo-benefício. Esse mapa pode ser usado também para observar o padrão de pressão competitiva que os grupos ou as empresas aplicam à linha de produtos um do outro. É possível também representar graficamente o preço e o benefício oferecidos por diferentes marcas em um mercado, para avaliar as estratégias de posicionamento de marca que os concorrentes estão adotando. Para criar uma classificação sobre a posição de custo e benefício de uma marca, deve-se calcular a média de todos os produtos da mesma marca. Essa média deve ser ponderada com base na quantidade de unidades vendidas de cada produto dessa marca, para dar maior ênfase aos produtos de grande vendagem no processo de avaliação dos atributos de uma marca. É possível até elaborar um gráfico das posições das empresas como um todo representando a média ponderada dos benefícios oferecidos e dos preços cobrados pelo conjunto de produtos de cada empresa no mercado do produto sob investigação. A representação gráfica de empresas, linhas de produtos ou marcas pode diminuir a complexidade do mapa de custo-benefício, simplificando o quadro para facilitar a interpretação, mas eliminando a riqueza dos mapas em que a posição dos produtos é detalhada. É aconselhável usar dados da média ponderada da marca e da empresa somente quando o portfólio de produtos da empresa for relativamente homogêneo. Quando o portfólio é extremamente heterogêneo, os gráficos dos produtos são mais precisos e reveladores. Entretanto, os mapas de custo-benefício baseados no produto podem ser confusos se houver muitos produtos. Portanto, caso a empresa comercialize uma ampla linha de produtos, talvez seja melhor calcular e representar o posicionamento do benefício de suas diferentes marcas, e não cada produto ou a média da empresa.

Com base no benefício principal e na unidade de análise, pode-se traçar uma "linha de preços previstos" relativa ao mercado. A "linha de preços previstos", em sua forma mais simples, incorpora a ideia de que "o cliente obtém aquilo pelo qual ele paga" ou, mais precisamente, "ele paga pelo que obtém". Portanto, normalmente a inclinação da linha é positiva. Em casos excepcionais, pode-se obter uma linha negativa, se produtos preexistentes com preço de benefício mais elevado mantiverem-se no mercado em decorrência de custos de troca, lealdade dos clientes ou falta de mudança, ou da transparência do mercado com relação aos preços e benefícios. Em geral, essas linhas com inclinação negativa desaparecem à medida que o mercado amadurece, e então esses problemas deixam de existir. Linhas curvas são também possíveis, mas normalmente a área curva da linha ocorre nas extremidades. Um preço baixo pode permanecer invariável enquanto houver um nível mínimo de benefício principal. Depois disso, a linha de preços ascende ou o preço pode atingir um teto, independentemente da quantidade de benefícios extras acrescentados. Repetindo, a longo prazo, esses mínimos e máximos geralmente desaparecem à medida que o mercado percebe que produtos em que o benefício é extremamente pequeno ou alto não compensam.

Quando houver pouquíssimos dados para realizar uma análise estatística formal, a linha de preços previstos pode ser traçada analisando visualmente todos os pontos do mapa de custo-benefício para encontrar a linha que passa pelo meio de todos os pontos no mapa – em que metade dos pontos fica acima e metade abaixo da linha. A melhor postura é determinar essa linha por meio de métodos estatísticos mais formais usando a equação de custo-benefício para obter a equação linear que mais se ajusta aos dados de custo-benefício. Essa técnica é conhecida como análise de regressão. A inclinação da linha de preços previstos é o coeficiente associado ao benefício principal da equação de custo-benefício, e a interseção da linha de preços previstos é igualmente a interseção da equação.

Para obter o melhor cálculo da equação de custo-benefício, faz sentido ponderar cada produto no mapa de custo-benefício com base em seu volume de vendas em unidades ou valor monetário – uma técnica comumente encontrada em pacotes de programas estatísticos. Essa metodologia evita que os produtos de pouca vendagem distorçam a linha que você está avaliando.

A Figura A.1 representa os produtos por meio de círculos de diferentes tamanhos, proporcionais ao volume de vendas dos produtos. Se você ignorar o tamanho dos círculos e traçar a linha de preços esperados com base apenas nos

FIGURA A.1
Estimativa da linha de preços esperados pela ponderação do impacto do volume de vendas

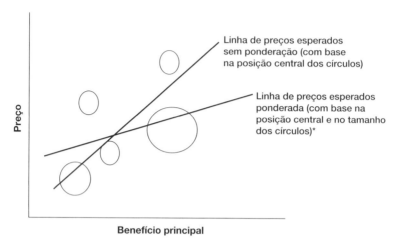

* O tamanho do círculo é proporcional ao volume de vendas de cada produto.

pontos que estão no centro dos círculos, sua linha não será ponderada. Se ponderarmos mais os círculos maiores, obteremos uma linha ponderada. Nesse caso hipotético, podemos deduzir de um modo genérico que, se fizermos a ponderação com base no comportamento de compra dos consumidores (volume comprado), obteremos uma linha de preços esperados com uma inclinação mais nivelada. Isso significa que os produtos com benefícios principais crescentes não estão obtendo aumentos de preço que poderíamos supor puramente observando de que forma as empresas atribuem preço a seus produtos. Ponderar os produtos com base no volume de vendas é uma boa maneira de garantir que os resultados reflitam o comportamento observado dos consumidores.

Assim que a linha de preços esperados estiver traçada, é possível verificar de que modo cada um dos produtos se encaixa ao longo da linha. Como discutido antes, os produtos ao longo da linha podem ser agrupados e classificados com as seguintes proposições de valor: ultrabaixo, básico, intermediário, elevado, superelevado ou ultraelevado. Além das posições na linha, algumas posições "com preço elevado" acima da linha podem ocorrer quando se acrescentam benefícios secundários ao preço do produto ou em decorrência de estratégias de maximização em que as empresas, intencionalmente, cobram preços altos para gerar margens de lucro à custa da participação de mercado. Em outros casos, talvez seja necessário pagar um preço elevado, acima da linha de preços esperados, provocado por uma escassez desse produto específico ou por ativos intangíveis não utilizados na equação de custo-benefício (por exemplo, imagem da marca). Algumas posições de preço baixo (ou de desconto), abaixo da linha, talvez sejam criadas para finalidades estratégicas, como adquirir participação de mercado. Ou talvez existam porque os produtos têm detratores que diminuem o preço ou porque faltam benefícios secundários ou esses benefícios estão abaixo da média.

Em suma, é possível realizar uma análise mais aprofundada estimando separadamente a linha de preços previstos e as equações de custo-benefício dos produtos de cada concorrente de peso, como fiz para as empresas hoteleiras no Capítulo 3. Com isso, obtemos informações detalhadas sobre possíveis diferenças no modo como as empresas estão estabelecendo suas estratégias. Podemos obter também algumas dicas sobre como e por que diferentes empresas podem elevar sua linha de preços previstos acima da linha das outras empresas. Além disso, as linhas de preços previstos e as equações de custo-benefício podem ser calculadas separadamente para cada produto ou segmento de clientes com o objetivo de mostrar de que forma subconjuntos diferentes do mercado estão vendo o mercado e evidenciar diferentes fatores críticos de sucesso para os diferentes subconjuntos do mercado.

Interpretando o mapa de custo-benefício

Se os produtos forem posicionados em diferentes momentos, com base em preços e níveis de benefício principal cambiantes, é possível observar sua trajetória, estabelecer seu ritmo de mudança, avaliar o provável objetivo estratégico dos concorrentes e projetar o cenário do mapa futuro, enquanto não houver obstáculos a esse movimento. Além disso, o mapa de custo-benefício pode ser usado para determinar a atratividade relativa de diferentes posições no mapa, no futuro, ou identificar posições desocupadas que por acaso estejam sendo ignoradas pelas empresas. Portanto, esse mapa pode ser usado para responder ou discutir diversas questões, como:

- Quais são as oportunidades e ameaças que, aparentemente, se baseiam na intensidade competitiva de diferentes proposições de valor? Como os concorrentes adotarão ou abandonarão essas posições de valor?

- Por que os concorrentes estão se movendo a um determinado ritmo naquela trajetória? Quais oportunidades e ameaças são criadas por esse movimento?

- Isso se deve à comoditização do mercado? Qual o padrão desse movimento? Para a extremidade esquerda ou direita? O espaço ao redor de sua posição está ocupado por concorrentes agressivos? Que significado isso tem para o seu futuro?

- Que ameaças seus principais produtos estão enfrentando (os 20% que compõem os 80% de suas vendas)? Eles estão sendo circundados, estão sendo impulsionados para o ponto de valor máximo ou estão sendo impulsionados para os extremos de baixo custo-pequeno benefício do mapa de custo-benefício?

- Onde estão os pontos fracos do posicionamento de sua linha de produtos ou marca?

- Como a equação de custo-benefício está mudando? Com base nessa análise, para que direção você acredita que a linha de preços previstos mudará no futuro? Será que surgirá um novo benefício principal no mercado? Em quanto tempo? Por que essas mudanças estão ocorrendo?

- Conteste as suposições que você utilizar no esboço de um mapa para o futuro. Você poderia fazer as perguntas a seguir: O que aconteceria se você mudasse suas suposições? Se supusesse uma mudança de trajetória ou o ritmo dos concorrentes em sua movimentação ao longo do mapa? Que aparência teria esse cenário futuro? O que você deveria fazer se suas suposições de análise **"e se"** fossem corretas?

- Como você pode mudar proativamente o mapa do futuro para criar um futuro mais favorável?

Obviamente, não é possível interpretar um mapa de custo-benefício e suas possíveis mudanças sem conhecer as forças que o movem. Novas posições de valor podem surgir no mapa, desaparecer ou mudar de lugar por causa dessas forças subjacentes, como mudanças tecnológicas, entrada ou fusão de concorrentes, reinvenção dos modelos de negócios e mudanças demográficas ou de preferência dos consumidores. A linha de preços previstos pode mudar de posição e pode haver uma instabilidade nos benefícios secundários em virtude desses fatores. E a intensidade competitiva pode ficar ainda maior se os concorrentes mudarem de posição em virtude, igualmente, dessas forças, e isso dificulta a interpretação dos dados. Portanto, **conhecer o setor é essencial** para interpretar os mapas.

Dois tipos de conhecimento sobre o setor são particularmente indispensáveis para compreender as implicações financeiras das mudanças na linha de preços previstos: elasticidade de preço e limitações ou inflexibilidade em relação à capacidade. A **elasticidade de preço** da demanda indica se e quanto o consumo de um produto ou serviço aumenta quando há redução de preço. Maior elasticidade significa que a demanda é extremamente afetada pelos preços. Se a demanda for inelástica, uma inclinação na linha ou uma elevação em direção à extremidade esquerda superior do mapa de custo-benefício não terá tanto efeito sobre o consumo do produto. Normalmente, existe uma interação entre elasticidade de preço e limitações de capacidade.

Considere o exemplo da Primo descrito no Capítulo 4. Quando a inclinação da linha de preços previstos ficou mais nivelada (como mostrado nas Figuras 4.1 a 4.3), a demanda por produtos sofisticados aumentou e a demanda por produtos inferiores diminuiu. Os preços dos produtos sofisticados diminuíram em relação ao segmento inferior – isto é, o valor oferecido pelos produtos sofisticados aumentou (ou seja, sua relação custo-benefício aumentou) e o valor dos produtos inferiores diminuiu não obstante a queda de preço. A demanda mudou para os produtos que ofereciam um valor superior (isto é, maior relação custo-benefício), e não para os produtos mais baratos.

Compare esse exemplo com o caso dos restaurantes descrito no Capítulo 5. Quando a demanda por restaurantes sofisticados aumentou em Nova York, porque houve um aumento de renda no final da década de 1990, os restaurantes elevaram os preços para diminuir seu valor (para diminuir sua relação valor-preço) e acabaram diminuindo a demanda por restaurantes sofisticados. Entretanto, no caso da Primo, os preços mais baixos no segmento superior abriram espaço para um valor superior (uma relação custo-benefício maior em comparação com o segmento inferior) e intensificou a demanda. Porém, no caso dos restaurantes, essa maior demanda provocou uma alta de preços no segmento de restaurantes sofisticados. Em suma, estaria essa maior demanda associada a preços mais altos e mais baixos ou vice-versa?

A diferença nesses dois exemplos foi criada por ordens causais diferentes e restrições ou inflexibilidades com relação à capacidade. **Ordem causal** é direção da causalidade – a demanda crescente foi provocada por outros fatores além das mudanças de preço nos restaurantes de Nova York. As mudanças na demanda afetam então os preços, não o contrário. Além disso, quando a demanda por restaurantes sofisticados aumentou, os restaurantes não tinham como aumentar sua capacidade para atender a essa demanda. As filas de espera aumentaram e os clientes eram recusados. A falta de espaço e as leis de segurança contra incêndio impediram que os restaurantes acrescentassem mais lugares. Diante disso, para maximizar os lucros, eles elevaram os preços. Esse aumento diminuiu as filas de espera e também a necessidade de ajustar a capacidade disponível. A Primo não enfrentou essas limitações e aumentou a capacidade para atender a uma demanda maior no segmento superior, estimulada com a oferta de um valor superior.

Em resumo, temos dois casos de inclinação das linhas de preços previstos – em um, a inclinação acentua-se e, em outro, nivela-se com o passar do tempo –, com efeitos contraditórios no segmento superior. Em um caso (Primo), o segmento superior obtém margens de lucro mais altas, mas uma demanda maior, e no outro (restaurantes) o segmento superior obtém margens de lucro mais altas e uma consequente queda na demanda. Essa diferença foi provocada pela elasticidade de preço, pela capacidade fixa e por fatores causais não relacionados aos preços. Obviamente, o conhecimento sobre o setor é indispensável à interpretação e compreensão do mapa.

Em geral, pelo menos seis fatores fundamentais devem ser considerados ao examinar o impacto dessa inclinação da linha:

- **Elasticidade de preço e benefício** – Até que ponto a participação de mercado está relacionada a quedas de preço em ambas as extremidades da linha ou melhorou os benefícios em ambas as extremidades? O mercado é sensível a essas mudanças ou a demanda é invariável? A sensibilidade ao preço e ao benefício determinará a área da linha que ganhará participação.

- **Limitação de capacidade** – O mercado pode aumentar a oferta quando a demanda se intensificar ou, para se ajustar ao que pode produzir, terá de elevar os preços para diminuir a demanda, as filas de espera ou a demanda não atendida? Se a capacidade for inflexível ou inconveniente, para reagir a curto prazo será necessário restringir a demanda e maximizar os lucros.

- **Mudanças externas na demanda** – Algum outro fator além do preço ou dos benefícios está mudando a disposição dos clientes a pagar o preço pedido, como maior renda disponível, retração do crédito, novos fatores demográficos ou mudança de preferência? Isso poderia mudar a demanda em diferentes segmentos no mapa de custo-benefício. Portanto, o impacto do preço ou do benefício sobre o crescimento de uma ou outra extremidade da linha pode ser intensificado por essas macromudanças.

- **Mudança tecnológica e concorrência** – Esses fatores estão mudando a inclinação da linha de preços previstos? Por quê? A concorrência ou a tecnologia está tornando o benefício principal obsoleto ou gerando a necessidade de concorrência? Se sim, diminuir os preços ou melhorar o benefício principal talvez não exerça nenhum efeito sobre a demanda.

- **Máximos e mínimos do preço e do benefício** – Existem limites ao que os clientes pagarão ou benefícios pelos quais eles estão dispostos a pagar? As inclinações que fazem a linha ultrapassar esses máximos e mínimos talvez não exerçam nenhum efeito sobre a demanda ou talvez produzam efeitos opostos (por exemplo, quando os preços indicam uma liquidação ou quando o projeto de engenharia dos produtos é muito complexo).

- **O motivo da concorrência entre segmentos** – A linha pode ficar nivelada porque o segmento inferior elevou os preços ou porque o segmento superior os diminuiu. E ela pode ficar inclinada porque o segmento inferior reduziu os preços ou o segmento superior os aumentou. Cada mudança implica que algo diferente está ocorrendo – digamos, que o aumento dos custos dos insumos está sendo transposto para um lado ou outro da linha por variados motivos. Esses motivos poderiam ser, por exemplo, a insensibilidade aos preços no segmento superior, unida à falta de opção para transpor os custos no segmento inferior por causa da sensibilidade aos preços dos clientes desse segmento.

Para finalidades de interpretação, é importante usar seu conhecimento sobre o setor e os clientes para suplementar as mudanças observadas no mapa de custo-benefício e para contestar suposições implícitas e a sabedoria convencional no mercado e interpretar a análise de custo-benefício mais favoravelmente. Para isso, é necessário analisar também o impacto dos produtos substitutos.

Planeje sua ofensiva

Assim que concluir sua análise, o passo seguinte é avaliar os possíveis ataques e contra-ataques. Nesse aspecto, repito, é importante compreender onde você está no mapa e a força relativa de seus concorrentes.

Você tem um plano e poder para dar o primeiro passo? O mapeamento do custo-benefício pode ser usado para avaliar seu nível de agressividade contra diferentes concorrentes examinando a vulnerabilidade dos produtos desses rivais. Depois de identificar os 20% dos produtos que estão gerando 80% das receitas de cada concorrente importante, você pode fazer várias perguntas. Até que ponto a posição de seus produtos em torno desses outros produtos é ousada? Você poderia armar uma armadilha de comoditização para eles? Quais produtos de importância de seus principais concorrentes estão mais vulneráveis ao ataque, tendo em vista a forma como os demais concorrentes estão visando esses produtos? A redução do preço de seus produtos poderia infligir maior sofrimento aos principais produtos de um concorrente do que em sua empresa (como quando a Southwest reduziu os preços nas principais rotas e as grandes linhas aéreas com maior participação de mercado foram forçadas a acompanhá-la – tendo de arcar com prejuízos significativos)? A empresa deveria posicionar outros produtos contra os principais produtos da concorrência para restringi-los ou enfraquecê-los? Ou os outros concorrentes já estão fazendo isso com você? Você pode levar vantagem sobre os principais produtos da concorrência com produtos com mais ou menos benefícios principais? Ou eles podem ser enfraquecidos com um preço inferior ou uma combinação diferente de benefícios que ofereçam o mesmo nível global de benefício principal? Você escolheu o concorrente correto para atacar?

Além disso, você pode confirmar se tem poder e capacidade para dar o primeiro passo ou se está muito reativo. A Cargill, empresa de produtos e serviços alimentícios, agrícolas e de gerenciamento de risco, conduziu uma pesquisa sobre as mudanças de preço e benefício realizadas pela empresa e por seus concorrentes em vários mercados agrícolas. Os dirigentes da Cargill fizeram as seguintes perguntas: Com que frequência atacamos primeiro? Será que estaríamos apenas reagindo? Nossas reações aos movimentos dos concorrentes são mais lentas ou mais rápidas do que as dos outros concorrentes? Quantas mudanças de custo-benefício ocorreram no intervalo de cinco anos ao longo dos últimos vinte anos? Somos retardatários ou pioneiros nessas mudanças? Existe algum padrão na forma como os concorrentes reagem aos nossos movimentos?

Depois de considerar essas questões, a Cargill concluiu que era **muito lenta** e **muito inerte** em alguns mercados, embora fosse **proativa** e **dominante** em outros. Além disso, descobriu que a frequência de mudanças importantes de custo-benefício estava aumentando ao longo do tempo. Quando a direção da Cargill enxergou os fatos, reconheceu que a empresa não tinha capacidade para se mover suficientemente rápido no futuro, porque naquele momento o ritmo das medidas para redefinir a qualidade ou o preço no mercado estava acelerado. Diante disso, a empresa reorganizou toda a sua estrutura, processos e iniciativas para ganhar velocidade e agilidade e abraçar novas oportunidades. Foram criados conselhos de capital de risco internos e várias subunidades de P&D foram reestruturadas em componentes que poderiam ser agrupados ou reagrupados de acordo com a necessidade para concorrer em um mercado em rápida transformação.

Se você fizer essas perguntas, dentre várias outras, sua empresa conseguirá conceber planos mais claros e mais explícitos para superar cuidadosamente determinados concorrentes, porque você conseguirá atingir cada um deles em todos os lugares, o tempo todo – você deve escolher as batalhas que deseja e deve travá-las com inteligência.

TIRANDO O MÁXIMO PROVEITO DE SUA ANÁLISE DE CUSTO-BENEFÍCIO

Embora o mapa de custo-benefício, a equação de custo-benefício e outras ferramentas melhorem a clareza e a precisão da análise sobre a comoditização, enxergar e conter a comoditização é ciência apenas em parte. Também concorre para isso a **arte da antecipação**. Cada grupo de mapas de custo-benefício, dependendo de sua complexidade, pode ser interpretado de diferentes maneiras, e isso exige uma sólida avaliação. A essência da visão e da liderança é identificar os tipos de comoditização revelados por esses mapas e decidir de que forma a empresa deve reagir por antecipação. Os mapas e as análises contribuem para essa visão, como os telescópios e microscópios revelam fatos distantes e quase indistinguíveis ou como os radares e os óculos de visão noturna nos permitem enxergar na escuridão. Sem eles, nosso voo é cego. Porém, o que se vê e a reação ao que se vê ainda assim dependem em grande medida de quem está usando esses instrumentos.

Os analistas de custo-benefício podem ficar entusiasmados e realizar a análise pela análise em si, por ela ser algo extremamente "atraente". Portanto, você deve sempre tomar medidas para tirar o máximo proveito do mapeamento de custo-benefício e evitar a paralisia da análise. A melhor maneira de evitar esse problema é definir cuidadosamente o escopo de sua análise, como foi discutido antes. A análise de custo-benefício é uma forma de arte e exige muitas avaliações. Saber qual é seu propósito não é suficiente – o objetivo é evitar o lixo que entra e o lixo que sai e tirar conclusões factíveis.

NOTAS

Capítulo 1

1. Entrevista com Steve Heyer, Tuck School of Business, Hanover, New Hampshire, 21 de fevereiro de 2006.

2. Agradeço a Alberto de Cardenas, Paul Kim, Joep Knija, Mark Potter e Aaron Smith; bem como a Sameer Nadkarni, Jim Sole e Igor Popov por sua análise a respeito da Harley-Davidson a partir de 2002.

3. Na análise de custo-benefício, fazemos a representação gráfica da posição de todos os produtos no mercado comparando o preço de cada um deles com seu **benefício principal** — o benefício mais importante do produto que determina a atribuição de preços no mercado. Em seguida, fazemos uma análise estatística para identificar a **linhas de preços esperados** — aquela que prevê o preço médio para um determinado nível de benefício principal. Os produtos posicionados acima (ou abaixo) dessa linha abrangem preços especiais (ou os descontos) cobrados pelos benefícios secundários oferecidos (omitidos) pelo produto, uma imagem de marca boa (ou ruim) e estratégias intencionais para explorar o produto cobrando um preço inesperadamente alto, acima da linha, e correndo o risco de perder participação de mercado (ou de adquirir participação de mercado cobrando um preço inesperadamente baixo pelo produto, abaixo da linha). Consulte Richard A. D'Aveni, *Mapping Your Competitive Position*, *Harvard Business Review*, novembro de 2007, pp. 110-120, para obter informações mais detalhadas sobre as análises de custo-benefício utilizadas neste livro.

4. Agradeço a Carolyn Ball, Dora Fang, Nao Inoue, Lee Johnson e Eric Young pela análise sobre o setor de motocicletas, em 2004.

5. Clifford Krauss, *Women, Hear Them Roar, New York Times*, 25 de julho de 2007.

6. *H-D and Buell Support Female Riders*, www.motorcycle.com, 24 de dezembro de 2008.

7. Harley-Davidson, *Annual Report*, 2007.

8. John Wyckoff, *How Harley-Davidson Lost Its Cool, Marketing Trends*, 11 de outubro de 2004.

9. O efeito Wal-Mart pode ser definido como o impacto de uma grande empresa que oferece preços baixos diariamente por meio de cortes de custo constantes e economias de escala, forçando os concorrentes a acompanhá-la continuamente com mais cortes de preço, até que todo o mercado fique imobilizado em uma espiral decrescente. Vimos esse efeito no setor aéreo, em que a Southwest Air utilizou o corte de preços para forçar todas as principais companhias aéreas a adotar uma estratégia semelhante.

Capítulo 2

1. Agradeço a Gianmario Verona, da Universidade Bocconi, de Milão, bem como Bernhard Termühlen, Chad Miller, Michelle Coyle, Mariana Garavaglia, Cynthia Landrebe e Julien Bonneville pelas pesquisas no setor de moda.

2. Vale a pena lembrar que a Zara ocupa uma posição superior no mercado norte-americano porque tem de arcar com um custo mais alto de remessa de seu depósito na Europa para os EUA e com custos mais altos de despesas indiretas relacionados à administração de seu pequeno número de lojas nesse país.

3. Michael Silverstein e Neil Fiske, *Trading Up* (Nova York: Portfolio, The Penguin Group, 2003).

4. Robert J. Frank, Jeffrey P. George e Laxman Narasimhan, *When Your Competitor Delivers More for Less, McKinsey Quarterly* (primavera de 2006), www.mckinseyquarterly.com/article).

5. *Ibid.*

6. Evan West, *Spicing up the Gum Trade, Fast Company*, outubro de 2007, p. 71.

7. Agradeço à Alice Tsui por sua pesquisa sobre terceirização e automação.

8. Agradeço a Amol Pinge, pela pesquisa sobre automação no setor de serviços automobilísticos.

9. http://www.bloggingstocks.com/2007/03/16/kroger-to-wal-mart-bring-it-on/.

10. *Kroger Fact Book*, www.thekrogerco.com.

11. Agradeço a Alexander P. Hennessy, por sua pesquisa sobre o setor de *softwares*.

Capítulo 3

1. *Rapid Rise of the Host with the Most*, *Time*, 12 de junho de 1972.

2. Consulte Andrew Nelson, *The Holiday Inn Sign*, *Salon*, http://dir.salon.com/story/ent/masterpiece/2004/04/29/holiday_inn/index.html.

3. Utilizei a autoclassificação da empresa, exceto quando elas gerava inconsistências que não correspondiam com o que outras empresas diziam sobre suas redes equivalentes.

4. Agradeço a Alexander Hennessy e Ann Schiff, por sua análise sobre o setor hoteleiro.

5. Roger Yu, *Limited-Service Hotels Take On Upscale Ambience*, *USA Today*, 17 de abril de 2007, http://www.usatoday.com/travel/news/2007-04-17-limited-service-usat_N.

6. Entrevista com Steve Heyer, Tuck School of Business, Hanover, New Hampshire, 21 de fevereiro de 2006.

7. *How Andy Cosslett Restyled IHG*, *BusinessWeek*, 21 de maio de 2007, http://www.businessweek.com/bwdaily/dnflash/content/may2007/db20070521_843548_page_3.htm.

8. David Kiley, *Holiday Inn's $1 Billion Revamp*, *BusinessWeek*, 26 de outubro de 2007.

9. *IHG Launches $1bn Holiday Inn Revamp*, *The Times*, 25 de outubro de 2007, http://business.timesonline.co.uk/to/business/industry_sectors/leisure/article2733718.ece.

10. Consulte http://business.timesonline.co.uk/to/business/industry_sectors/leisure/article2733718.ece, para obter uma comparação entre as indicações antigas e novas.

11. Kiley, *Holiday Inn's $1 Billion Revamp*.

12. Agradeço a Kevin Daniels, Lynette Darkoch, Phil Drapeau, Brian Safyan, Nik Shah e Jesse Sherman, pela pesquisa sobre o setor de cassinos.

13. *Hotel Innovator Ian Schrager and Marriott International to Create Next-Generation Lifestyle Boutique Concept*, comunicado à imprensa da Marriott, 14 de junho de 2007.

Capítulo 4

1. Agradeço a Francis Barel, Dan Bernard, Craig della Penna, Edwin Lau, Tammy Le e Darren Perry, pela pesquisa sobre o setor de adoçantes.

2. Embora quase todos os detalhes desse caso sejam exatos, o mercado, o nome das empresas e determinados detalhes foram ocultados a pedido das empresas.

140
Notas

3. Analisando o índice de declínio no atual R^2 incremental do benefício principal e examinando o índice de aumento nos outros R^2 incrementais dos benefícios secundários, os gestores podem prever quando ocorrerão mudanças significativas no ingrediente princípio da concorrência — o benefício principal que ela oferece.

4. Lei de Moore: O poder (velocidade de processamento) dos microprocessadores dobra a cada dezoito meses.

5. Kathleen M. Eisenhardt e Shona L. Brown, *Time Pacing: Competing in Markets That Won't Stand Still*, *Harvard Business Review*, março-abril de 1998, pp. 59-69.

6. Entrevista com Ken Burns na Tuck School of Business, Hanover, New Hampshire.

7. Entrevista com Steve Loranger, 7 de fevereiro de 2006, em Hannover, New Hampshire.

8. Agradeço a Angus Boyd, Scott Hazard, Florian Jaeger, Theodore Nickolov e Brendan Warn por sua assistência na pesquisa sobre o mercado de iPods.

Capítulo 5

1. Essa pesquisa é apresentada em meu artigo *Mapping Your Competitive Position*, *Harvard Business Review*, novembro de 2007, pp. 110-120.

2. Agradeço a Deepa Poduval, Alinia Asmundson, Edmund Poku, Arun Mathias e James Lau pelas ferramentas de coleta, limpeza, inserção e análise de dados relacionados ao setor de restaurantes.

3. Esses três itens foram associados em uma única escala porque eles estavam em grande medida correlacionados.

4. Para determinar a discrepância em questão, examinamos os R^2s incrementais associados a cada qualidade ou atributo do restaurante gerado pela análise de regressão. Regredimos ao preço médio de uma refeição (que incluía uma bebida) nas qualidades e atributos do restaurante para verificar qual exercia maior influência sobre os preços.

5. A equação de custo-benefício é a equação gerada pela análise de regressão dos preços pagos em comparação com os benefícios oferecidos pelos produtos. Nos imóveis residenciais, isso equivaleria ao preço pago em vendas recentes em comparação com o bairro, a área quadrada, as condições, o número de quartos e banheiros e qualidades especiais da casa, como jardim, piscina, terraço, lareira etc. Essa equação identifica um coeficiente para cada qualidade ou atributo que avalia o quanto cada um influi no preço da residência e permite que os vendedores avaliem o preço de uma residência com base em suas qualidades e atributos particulares.

6. Robert G. Cooper, *Winning at New Products: Accelerating the Process from Ideas to Launch*, 3ª ed. (Cambridge, Massachusetts: Perseus Books, 2001), p. 4.

7. Susumu Ogawa e Frank T. Piller, *Reducing the Risks of New Product Development*, *Sloan Management Review*, 47, n. 2 (inverno de 2006), pp. 65-71.

8. Cooper, *Winning at New Products*, p. 60.

Apêndice

1. BTU (*british thermal unit*): unidade térmica britânica por libra. Um BTU é a quantidade de calor necessária para elevar a temperatura de 1 libra de água a 1ºF.

Agradecimentos

1. A McKinsey & Co., por exemplo, adotou e publicou um versão aperfeiçoada das ferramentas de mapeamento de preços e benefícios que desenvolvi pela primeira vez no Capítulo 1 do livro *Hipercompetição*. Consulte Ralf Leszinski e Michael V. Marn, *Setting Value, Not Price*, *McKinsey Quarterly*, 1997, pp. 99-115, que apresenta uma análise sobre como a McKinsey & Co. aprimorou e utilizou essas ferramentas que criei em seus contratos de consultoria. A Cargill realizou um estudo altamente criativo, de vários milhões de dólares, sobre a magnitude, a frequência e o início dos ataques e contra-ataques utilizando as ferramentas desenvolvidas originalmente no *Hipercompetição*, na esfera de preço-qualidade. Nessa análise, a Cargill concentrou-se em suas duas principais linhas de negócios, o que possibilitou que a empresa passasse por uma reorganização significativa para lidar com a rapidez e agressividade de manobra constatada. Esse estudo analisou a Cargill e seus concorrentes com o objetivo de identificar quem estava procurando obter vantagem na esfera de custo-benefício — por exemplo, quem havia iniciado o ataque e quem havia contra-atacado em qual área —, bem como para determinar a rapidez dos contra-ataques, a frequência dos ataques e até que ponto esses ataques eram ousados ou revolucionários. Isso levou a Cargill a reconsiderar sua estratégia e organização, ao perceber que a maior rapidez dos ataques estavam ultrapassando sua capacidade de competir, fazendo com que sempre se prontificasse para reagir, de acordo com a linha de negócios estudada. Além disso, após um prolongado treinamento no processo de mapeamento e análise de custo-benefício, a Nolan Norton & Co. vendeu inúmeros trabalhos de consultoria empregando os princípios do livro *Hipercompetição* e desenvolveu métodos de consultoria avançados e exclusivos que permitiram que meu raciocínio avançasse em vários aspectos.

AGRADECIMENTOS

Para examinar mais de perto os dilemas criados por armadilhas comuns da comoditização, empreendi uma pesquisa envolvendo vários assistentes a respeito da erosão dos preços e da concorrência no âmbito dos benefícios oferecidos pelos produtos. Além disso, ao longo dos últimos anos, aprendi muito com as várias outras pessoas que ensinei a utilizar as ferramentas de mapeamento de custo-benefício descritas neste livro. As empresas, dentre as quais a AGFA, Cadbury, Schweppes, Deloitte Consulting, Deutsche Bank, General Motors (Divisão de Carros de Luxo), Learning Systems (Milão), Monsanto, PepsiCo International, Philip Morris e Philips Electronics, empregaram meus modelos em seu planejamento estratégico e processo de tomada de decisões. (**Observação importante** – Nenhum dado confidencial de qualquer um dos meus clientes foi utilizado neste livro sem prévia autorização. De resto, todas as informações foram extraídas de fontes abertas ao público, de entrevistas com executivos que não eram meus clientes ou de outras fontes particulares.)

Aprendi também com as pessoas que aprimoraram meu trabalho sobre concorrência de preços e benefícios para criar aplicações além daquelas que imaginei quando as inventei, como a McKinsey & Company, Cargill e Nolan, Norton & Co., uma divisão da KPMG Europa, em Amsterdã.[1] Outras colaborações foram também muito frutíferas. Com a orientação de Meredith Ceh, minha ex-aluna, a Wilson Learning Corporation — a segunda maior empresa de treinamento do mundo — desenvolveu métodos preliminares de mapeamento de custo-benefício. Ao investir meio milhão de dólares para desenvolver solução para sistematizar, simplificar, ensinar e utilizar esses métodos de mapeamento, a Wilson Learning contribui de várias maneiras para os métodos de análise de custo-benefício descritos neste livro. Eu e/ou a equipe da Wilson Learning usamos esses métodos com

144
Agradecimentos

clientes como a GE Capital, British American Tobacco, Rockwell International, US West e Colgate-Palmolive, dentre outros. A partir do momento que readquiri os direitos sobre esses métodos e conteúdos da Wilson Learning, treinei uma geração de alunos e assistentes de pesquisa da Escola de Negócios Tuck para empregar o mapeamento de custo-benefício e encontrar a equação de custo-benefício para diversos setores. Mais de cinquenta deles realizaram pesquisas que inspiraram vários dos exemplos utilizados neste livro. Esses projetos são citados com permissão e agradecimentos ao longo deste livro. Sou extremamente grato a todos os meus alunos e assistentes de pesquisa que contribuíram para o meu conhecimento, e espero que eu também tenha feito o mesmo. Foi uma grande bênção ter ao meu lado esses excelentes alunos e auxiliares para me manter jovem em mente e espírito.

Gostaria de agradecer às várias pessoas cujas contribuições para este livro foram significativas. Em primeiro lugar, sou extremamente grato a Robert Gunther. Mesmo enfrentando uma grave doença e considerável sacrifício pessoal, ele se manteve fiel a mim. Sua dedicação a este livro foi um reflexo tanto de seu excelente intelecto e extraordinária integridade quanto da estreita amizade que compartilhamos. Suas atividades de pesquisa, seus lampejos, suas revisões e correções e várias outras contribuições substanciais para a estrutura, a redação e a teoria deste livro foram tão cruciais que esta obra não existira sem isso.

Des Dearlove e Stuart Crainer, da Suntop Media, no Reino Unido, também deram grandes contribuições para melhorar o enquadramento das ideias e a clareza deste livro. Suas habilidades editoriais e de redação tornaram este livro mais acessível a um número bem maior de leitores. Portanto, devo-lhes também muitos agradecimentos.

Melinda Adams Merino e Astrid Sandoval, da Harvard Business Press, bem como Anand Raman, da *Harvard Business Review*, contribuíram igualmente para a estruturação deste livro, oferecendo orientações e um enfoque que o tornaram bem mais fácil de ler e mais bem planejado. Eles me instigaram até o fim, para que conseguisse um produto à altura de seu teste de escrutínio, ajudando-me a corrigir inconsistências lógicas e adequar o fluxo temático. Este livro não seria tão bom sem essas orientações.

Vários funcionários e professores da Faculdade de Dartmouth me apoiaram imensamente neste projeto. Diversos colegas me prestaram grande auxílio para formular meu raciocínio sobre os tópicos deste livro. Eles me ajudaram em seminários formais e em nossos debates no meio do corredor. Nesse grupo se incluem Koen Pauwels, que trabalhou comigo em artigos acadêmicos inspirados neste livro, e Constance Helfat, a primeira a propor que eu examinasse as publicações sobre regressão de preços hedônicos e que me abriu os olhos para a possibilidade de isso fazer sentido. Sydney Finkelstein, Vijay Govindarajan, Margie Peteraf,

Agradecimentos

Victor Stango, Ken G. Smith, Ganmario Verona e outros compartilharam várias ideias comigo sem objeções, e eu os agradeço imensamente. Reconheço também o empenho de meus coordenadores administrativos e acadêmicos, Dale Abramson, Sheryl Berberick, Marcia Diefendorf, Heather Gere e Donna McMahon, bem como os bibliotecários da Biblioteca Feldberg, dentre os quais Sarah Buckingham, Karen Sluzenski e Jim Fries. Agradeço-lhes pelo auxílio que me prestaram. Ted Hartnell merece agradecimentos especiais por seu trabalho nos gráficos.

Obviamente, devo citar o nome dos assistentes de pesquisa e dos alunos aos quais atribuo créditos e agradecimentos nas notas apresentadas ao longo deste livro, quais sejam: Anuraag Agarwal, Alinia Asmundson, Paul Auffermann, Carolyn Ball, Francis Barel, Dan Bernard, Julien Bonneville, Angus Boyd, Alberto de Carenas, Tak Wai Chung, Tim Clark, Michelle Coyle, Kevin Daniels, Lynette Darkoch, Tim Delfausse, Craig della Penta, Shambavi Desgupta, Phil Drapeau, Justin Engelland, Dora Fang, Mariana Garavaglia, Mathew Golfine, Richard Haas, Saad Hasan, Scott Hazard, Alex Hennessey, David Hoverman, Nao Inoue, Florian Jaeger, Suneth Jayawardhane, Lee Johnson, Scott Kendall, Paul Kim, Joep Knijn, Cynthia Landrebe, Edwin Lau, James Lau, Tammy Le, Anandam Mamidipud, Arun Mathias, Ryan Meyers, Chad Miller, Mike Murray, Pat Murray, Sameer Nadkarni, Prasad Narasimhan, Theodore Nicklov, Creighton Oyler, Minkyu Park, Darren Perry, Amol Pinge, Deepa Poduval, Edmund Poku, Igor Popov, Mark Potter, Brian Safyan, Ann Schiff, Darryl Seet, Nik Shah, Douglas Sharp, Jesse Sherman, Cem Sibay, Aaron Smith, Jim Sole, Bernhard Termühlen, Alice Tsui, Michael Wang, Brendan Warn, Navam Welihine, Geoff Wilson e Eric Young.

Gostaria de reiterar minha gratidão a todos eles por sua gentileza em compartilhar comigo ideias e trabalhos de pesquisa. Suas contribuições a análises e casos específicos foram tantas e variadas que seria difícil enumerá-las aqui. Contudo, elas têm um valor inestimável.

Vários executivos exerceram grande influência na maneira como formulei meu raciocínio sobre as armadilhas da comoditização, a estratégia de diferenciação e o reposicionamento competitivo. Embora eu tenha citado apenas alguns, agradeço a todos por me contar de que forma eles estão lidando com essas armadilhas. São eles: Elyse Benson Allan (presidente e diretor executivo, GE Canada), Jim Bailey (presidente e diretor operacional, US Trust), Doug Baker (diretor executivo, Ecolab), Roger Ballou (diretor executivo, CDI Engineering), Jim Bouchard (diretor executivo, Esmark/Wheeling Pittsburg), Ken Burnes (diretor executivo, Cabot Corporation), August Bush IV (diretor executivo, Anheuser-Busch Companies), David Calhoun (vice-presidente, General Electric), Mike Dan (diretor executivo, Brinks), Marijn Dekker (diretor executivo, ThermoFisher Scientific), Dave Dillon (diretor executivo, The Kroger Company), Peter Dolan (diretor executivo, Bristol-Meyers

146
Agradecimentos

Squibb), Fred Eppinger (diretor executivo, Hanover Insurance Group), John Faraci (diretor executivo, International Paper), Fred Festa (diretor executivo, WR Grade & Company), E. V. (Rick) Goings (diretor executivo, Tupperware), Richard Goldstein (diretor executivo, International Flavors & Fragrances, Inc.), Hugh Grant (diretor executivo, Monsanto), Bill Harrison (presidente, JPMorgan Chase), Fred Hassan (diretor executivo, Shering-Plough), Jim Haymaker (vice-presidente sênior, Planejamento Estratégico e Desenvolvimento de Novos Negócios, Cargill), Ernesto Heinzelmann (diretor e presidente, Embraco), Steve Heyer (diretor executivo, Starwood Hotels and Resort), Peter Hoffman (presidente, Grooming Products, The Gillette Company), Susan Ivey (diretora executiva, Reynolds American), Mike Jackson (diretor executivo, AutoNation), Bill Johnson (diretor executivo, H.J. Heinz Company), Mike Johnston (diretor executivo, Visteon), Mike Jordan (diretor executivo, EDS), Steve Loranger (diretor executivo, ITT Industries), Terry Lundgren (diretor executivo, Federated Department Stores), Frank MacInnis (diretor executivo, EMCOR), Bernie Marcus (fundador, Home Depot), Reuben Mark (diretor executivo, Colgate-Palmolive), Tom McInerney (diretor executivo, ING US Financial Services), Peter Murphy (vice-presidente executivo sênior e diretor executivo de estratégia e assistente especial do diretor executivo, The Walt Disney Company), Ron Nelson (diretor executivo, AvisBudget), Morgan Nields (presidente e diretor executivo, Fischer Imaging Corporation), Jack Novia (diretor geral, Região das Américas, e vice-presidente sênior, Customer Solutions Group, Hewlett-Packard), Steve Odland (diretor executivo, Office Depot), Rod O'Neal (diretor executivo, Delphi), Gary Rodkin (diretor executivo, ConAgra), Frank Russomano (diretor executivo, Imation), Tom Ryan (diretor executivo, CVS Caremark), Ed Schneider (presidente, Triton Holdings, LTD), John Shiely (diretor executivo, Briggs & Stratton), Adrian Slywotzky (vice-presidente, Oliver Wyman Consulting), Alex Smith (diretor executivo, Pier 1 Imports), Mooryati Soedibyo (diretor-presidente, Mustika Ratu Consumer Products Corporation, e vice-presidente do Parlamento indonésio), Tim Solso (diretor executivo, Cummins Engine Company), David Spears (diretor executivo, Illinois Tool Works), John Stropki (diretor executivo, Lincoln Electric Company), John Surma (diretor executivo, US Steel), Jim Tobin (diretor executivo, Boston Scientific), John Tyson (diretor executivo, Tyson Foods), Peter Volanakis (presidente e diretor de operações, Corning), Bob Walter (fundador e presidente, Cardinal Health), Mike Wedge (diretor executivo, BJ's Wholesale Club), Wendell Weeks (presidente e diretor executivo, Corning), Richard Wolford (diretor executivo, Del Monte) e Ed Zander (diretor executivo, Motorola). Agradeço a todos eles por sua generosidade, por compartilhar suas ideias e visões, por me fornecer informações sobre a empresa, por me permitir usar suas citações e por conceder parte de seu tempo à Escola de Negócio Tuck e/ou a mim. Suas contribuições foram inestimáveis.

Agradeço especialmente a Paul Danos, reitor Escola de Negócio Tuck, e a Bob Hansen, reitor associado sênior, que mantiveram o apoio financeiro a este projeto ao longo de vários anos. Agradeço-lhes pela fé que depositaram em mim — particularmente porque tiveram de acreditar que esta iniciativa de longo prazo algum dia surtiria efeito —, mesmo que a princípio isso parecesse uma aposta com poucas chances de dar certo. Agradeço a ambos pela fidelidade.

Por fim, gostaria de prestar à minha família meus mais afetuosos agradecimentos: minha esposa, Veronika; minhas filhas, Gina, Katia e Tanya; meu filho, Ross; e meu pai e minha mãe, Anthony D'Aveni e Marion. Eles me deram apoio e motivação para escrever este livro e a afeição necessária para tocar minha vida. Eu não sei o que faria sem eles.

ÍNDICE REMISSIVO

A

Ace Hardware 45

Acessórios 5, 6, 19

Acesulfame-K 75

Acrobat Reader 34

Adams's Stride, marca 30

Administração. *Consulte* Alta
administração

Administração da Qualidade Total
(TQM) 9

Administração sênior. *Consulte* Alta
administração

Adobe 34

Adoçantes artificiais, setor de 74–76, 75, 84

Afastando-se da concorrência direta,
para escapar da armadilha da
deterioração 28

Affinity Neighborhoods 109

Agusta Westland 29

Alcateia (ataque em massa), criando,
para destruir a armadilha da
proliferação 59

Allstate 87

Aloft (cadeia de hotéis) 47, 48

Alta administração

análise de custo-benefício das armadilhas
da comoditização pela 113–114

armadilha da proliferação e 43–44, 72

comoditização em consequência da

incapacidade de agir a tempo x

estratégias em período de retração
econômica e 38–39

exemplo da Harley-Davidson de
armadilha da comoditização e 4–5

imitação no setor de moda e 26

metas e incentivos de curto prazo da x

oferta de descontos pela, para combater
concorrentes inferiores na armadilha
da comoditização x

poder sobre os preços reais para escapar
das xi

Primo, exemplo de escalada e 77

sabedoria convencional para combater a
comoditização e xi

AMD 29

Ameaças

dados sobre, no mapa de custo-
benefício 129–130

detendo, para destruir a armadilha da
proliferação 61–62

dominando, para destruir a armadilha da
proliferação 55, 56–62

suplantando, para utilizar a armadilha da
proliferação em seu favor 56, 62–68

Análise de custo-benefício

análise de custo-benefício na 85

aproveitando ao máximo a 135–136

comportamento das armadilhas da

150
Índice remissivo

comoditização na 10, 14, 114

definindo a finalidade da 116, 118, 135

determinando as dimensões da 116–117, 120–125

determinando as fronteiras do mercado na 116, 119–120

dicas para realizá-la 115–135

dinâmica da concorrência e posições na 104

disponibilidade de dados sobre benefícios para a 122–123

estabelecendo o benefício-alvo correto a ser desenvolvido usando a 89

estruturação 118–120

exemplo simples de 4

fórmula de análise de regressão utilizada na 121

medidas compostas de benefícios na 123–124

mercados imobiliários na 108–110, 140

novo segmento de clientes e proliferação e 68

oportunidades encobertas nos mercados na 108–111

padronização estatística na 123

planejando sua ofensiva por meio da 133–134

reposicionamento de restaurantes em hotéis utilizando a 105

segmento de carros pequenos no mercado de automóveis e 85, 94–95

vendas de motocicletas Harley-Davidson na 4, 6, 7

Análise de escoamento 67

Aparelhos de barbear 37

Apostas pela Internet 61, 64, 66

Apple xii, 61, 96–99, 97, 99, 111

Aproveitando o ímpeto para utilizar a armadilha de escalada em seu favor 95–99

Aquisições

armadilhas da escalada e 82–83, 100

armadilhas da proliferação e 50–51, 60

Armadilha da deterioração 19–42

afastando-se da concorrência direta em resposta à 27–28

Checklist de condições e dilemas na 13

circundando para refrear, uma reação à 34–37

condições para 20–21

destruindo a armadilha 15, 30–34

escapando da armadilha 15, 26–31

estratégias para escapar da 15, 14–17, 26–42

identificando xii–xiii, 12, 13–14

mudando de posição em resposta à 29–31

mudando os clientes no mercado para controlar a 37–38

mudando para um mercado mais sofisticado em resposta à 26–28

padrão comum na criação de uma armadilha da comoditização xii, 11, 13

quedas de preço e diminuição dos benefícios 11

recursos disponíveis durante o combate 41

redefinindo o preço em resposta à 33–34

redefinindo o valor em resposta à 31–33

resumo da 20

retração econômica e 39–40

sinais de 21–22

solapando os concorrentes que oferecem descontos na 31–34

Índice remissivo

utilizando a armadilha em seu favor 15, 34–38

Zara como exemplo de xi, 2, 20

Armadilha da escalada 73–102

aproveitando o ímpeto e 95–99

Checklist de condições e dilemas na 13–14

condições econômicas e 74

congelando posições na 84, 91–94

controlando a hipercompetição na 101–102

definição de 73

destruindo a armadilha 15, 91–96

elevando o nível na 93–95

escapando da armadilha 15, 84–91

escolhendo uma estratégia de ímpeto (*momentum*) na 98–101

estabelecendo o ritmo e 84, 88–90

estratégias para reagir à 15, 14–17, 84–99

exemplo do *iPod* da Apple na 97, 96–99

exemplo dos adoçantes artificiais na 74–76, 75, 84

exemplo do setor de computadores pessoais na 83–85

identificando xii–xiii, 12, 12–13

padrão comum na criação de uma armadilha da comoditização xi, 13

Primo, exemplo de 79, 77–82, 81, 131–132

quedas de preço e diminuição de benefícios na 12

redimensionando o ímpeto contra a 85–92

resumo da 74

revertendo o ímpeto contra 91–96

sinais de perigo da 73–74

utilizando a armadilha em seu favor 15, 95–99

valor máximo e 98–99

Armadilha da proliferação 43–72

cassinos de Las Vegas e 64–65

concentração de recursos contra 56–58

condições econômicas e 70–71

criando massa crítica contra 59–61

criando novos segmentos contra 64–68

criando uma alcateia contra (ataque em massa) 59

destruindo a armadilha 15, 56, 56–62

diferenciação e 43

dilema dos gestores na 43–44

dominando as ameaças na 55, 56–62

escapando da armadilha 15, 56

escolhendo as ameaças a confrontar 56

escolhendo o momento oportuno para lutar contra 56, 61

estratégia de gerenciamento de ameaças e 68–72

estratégias para escapar 15, 14–17

exemplo de, em hotéis 47–56

fabricantes japoneses de motocicletas e 12

identificando xii–xiii, 11–12, 12–13

mudanças de custo-benefício na 12

ocupando novo espaço vazio viável e 62–63, 63

padrão comum na criação de uma armadilha da comoditização xii, 13

preparando-se para 43

refreando as ameaças da 62

resumo da 44

Sears, exemplo de 45–47

setor de computadores e 83

sinais de 44–45

superando as ameaças da 56, 62–68

utilizando a armadilha em seu favor 15, 56, 62–68

Armadilhas da comoditização

análise de custo-benefício das 11, 14–15, 114

Checklist de condições e dilemas 13–14

deterioração nas. *Consulte* Deterioração, armadilha da

empresas estudadas nas pesquisas sobre 9–10

escalada nas. *Consulte* Escalada, armadilha da

estratégias para escapar das 15, 14–17

exemplos de 2

hipercompetição e x

identificando xii–xiii, 12, 13–14

oferecendo descontos para combater pequenos concorrentes x

padrões comuns nas 10–13

perguntas básicas feitas na pesquisa sobre 10

posição competitiva corroída pelas 2

proliferação nas. *Consulte* Proliferação, armadilha da

zaraficação como exemplo de 2, 11, 20

Armani 19, 22, 23, 24, 29, 32, 42, 49

Armani Casa 29

Armani Exchange 23

Armani Fiori 29

Artigos de luxo 19, 27

Ásia, setor de *chips* na 29

Aspartame 75, 76

Assistência médica, setor de 29, 36

Atendimento ao cliente. *Consulte também* Benefícios ao cliente

deterioração e 21

melhorando, em período de recessão econômica 40

Atividade básica, em período de retração econômica 39–40

AT&T 100

Automação, e mudanças na estrutura de custos 33

B

Baja Fresh 63

Bajaj, motocicletas 11

Balenciaga 32

Bass PLC 48, 50, 51

Batalhas, momento oportuno, para destruir a armadilha da proliferação 56, 61

Benefício principal

aproveitando o ímpeto por meio da redefinição do 95

armadilha da escalada e 74, 75–76, 101

congelando posições no mercado e 92

conhecimento do mercado e mudanças no 99

criando massa crítica e 60

desenhando o mapa de custo-benefício e 125

desenvolvendo para o futuro 89

deslocamento no 104

determinação de preço de carros esportivos e redefinição do 94

determinação de preço nos restaurantes e 106–107

determinação do, nos mapas de custo-benefício 121, 122–123

diferenciação e 101

encontrando novas posições ao longo da linha de preços e 63, 64

exemplo de análise de custo-benefício com 4, 137

exemplo do *iPod* da Apple de 96–97, 97

inovação e criação de um novo 99

linha de preços previstos utilizando 126, 128, 129

medidas compostas do 123–124

mudanças na concorrência e declínio do 85–86, 140

mudanças no, na análise de custo-benefício 85

mudando o, para redimensionar o ímpeto 76, 85–86, 86–87, 88–89, 91

posicionamento do produto e mudanças no 113

Primo, exemplo de escalada e 79–80, 81

proliferação de cassinos em Las Vegas e 64

redefinindo, para abrir novos segmentos de clientes 67–68, 71

reposicionamento de restaurantes em hotéis e 105

transição para o benefício principal seguinte 90

valor máximo e redefinição 98

Benefícios. *Consulte também* **Análise de custo-benefício; Equação de custo-benefício; Mapas de custo-benefício**

adoçante artificial, exemplo de escalada e 75, 76

armadilhas da escalada e xi, 73, 74, 84, 85, 86–87, 88–90, 92, 94, 96–97, 99–100, 101–102

condições econômicas e opções do cliente e 70–71

deterioração do mercado de moda e 21

determinação de preço de carros esporte e 94

disponibilidade de dados sobre 122–123

elasticidade dos, nos mapas de custo-benefício 132

empresas farmacêuticas e 67

ênfase sobre benefícios secundários, para escapar das armadilhas da comoditização 4–5

exemplos de proliferação de hotéis e 53, 54

Harley-Davidson, exemplo de armadilha da comoditização e 3, 4–5, 8

impacto da armadilha da comoditização sobre o preço e 2–3

impacto da deterioração sobre 11, 21, 21–22

iPods Apple e 96–97

máximos e mínimos em relação aos 132

medidas compostas de 123–124

mudanças nos postos de combustível e 85–86

mudando para um segmento mais sofisticado do mercado pela redefinição dos 27

percepção do cliente sobre os preços e 33

Primo, exemplo de escalada e 79, 80, 131–132

proliferação com novas combinações xii, 68

proliferação de cassinos em Las Vegas e 64, 67

proliferação no setor de relógios e 60

reação à deterioração e 41–42

redefinindo o segmento-alvo e 30–31

redefinindo o valor e o preço, para neutralizar as empresas que oferecem descontos 31–33

reposicionamento dos restaurantes nos hotéis e 104–105, 107

secundários. *Consulte* Benefício secundário

154
Índice remissivo

segmento de carros pequenos do
mercado automobilístico e 85

setor de seguros e 86–88

Benefício secundário

benefício principal como principal
diferenciador e 101

defesa dos cassinos de Las Vegas contra a
proliferação por meio do 64

determinação de preço de adoçantes
artificiais e 75

determinação de preço de carros
esportivos e 95

determinação de preço de relógios Swatch
e 53

exemplo da Harley-Davidson de
armadilha de comoditização e 4–5

mudanças na concorrência e ampliação
do 140

neutralizando o benefício principal do
concorrente por meio do 99

posicionamento das cadeias de hotéis
e 53, 54

preço elevado para 137

preço nas decisões de compra e 33–34

Benetton 22, 23, 24, 36

Benneton 42

Bens duráveis 25

Best Buy 45, 57

Best Western 48

BIC 38

Big Dog, motocicletas 5, 6, 12

BJ's, Clube Atacadista 19, 34, 45, 57–58, 58

BlackBerry 30

Blancpain, relógios 60

Boston Consulting Group 71

Boston Market 63

Bottega Veneta 32

Brown, Shona 90

Bubble Yum, marca 30

Bubblicious, marca 30

Buell, motocicletas 7

Buffalo Exchange 32

Bulgari 29, 49

Burberry 19

Burnes, Ken 93

Butiques 22, 36, 45

C

Cabot Corporation 92–93

Cadbury 30

**Cadeia de valor, reinventando para
neutralizar os concorrentes que
oferecem descontos 31**

Cadeias

automação utilizada pelas 33

empresas de serviços de manutenção de
automóveis e 33

farmácias e 67–68

hotéis e 46–47, 49, 50, 52, 53, 54, 59, 72

lojas de departamentos e 45, 46

lojas de gêneros alimentícios e
supermercados e 34–35, 57

manobra jurídica contra 37

restaurantes e 63

setor de moda e 23, 32, 42

Calvin Klein 22, 23, 24

Cambria Suites 46

Cargill 134

**Carros esportivos, armadilhas da
escalada 93–95**

**Carros pequenos, segmento no mercado
de automóveis 85–86, 88**

Cassinos de Las Vegas 64–67

Catálogos 45, 46, 53

Catálogos de especialidades 45, 53

Cavalli, Roberto 31, 37

Chanel 27

Checklist, de padrões de armadilha da comoditização 13–14

China x, 9, 25, 26, 27, 83

Chipotle Mexican Grill 63

Chips de memória, setor de 29

Chips de microprocessador, setor de 29

Chips, setor de 29–30

Chloé 37

Choice Hotels 52, 53, 56

Circundando para refrear e tirar proveito da armadilha da deterioração 34–37

Cisco 29

Citizen, relógios 60

CK 22, 23, 24

Clientes, levantamentos sobre 123

Clube de motociclistas, Harley-Davidson 3–4

Clubes atacadistas 19, 34, 45, 57–58, 58

Coke, marca 75

Colecionadores, e equação de custo-benefício 110–111

Colgate 28

Comfort Suites 52

Comoditização
definição de 1
diferenciação utilizada contra xi, 7–9, 14–15
em consequência da incapacidade de agir a tempo x
equipe responsável pela x
estratégias de P&D e 111
Harley-Davidson como exemplo de 3–7

hotéis Holliday Inn e 47, 49
impacto da 2
mapa de custo-benefício sobre 113, 129–130
metas de curto prazo e alta administração e x
necessidade de uma nova solução para reconhecer e reagir à x–xi
pressão em direção à, em um ambiente de hipercompetitividade 9
sabedoria convencional para combater a xi
setor de computadores e 83
superando a concorrência na xi

Companhias de seguros de automóveis 25

Compaq, marca 83

Computadores pessoais, setor de 29, 83–85

Computadores, setor de
armadilha de escalada e 83–85
padrão de deterioração no 21

Concentração de recursos, para destruir a armadilha da proliferação 56–58

Concorrência
afastando-se da, para fugir da deterioração 27–28
armadilhas da escalada e 73, 74, 88, 92–93, 100, 101–102
armadilhas de comoditização da Harley-Davidson e xii, 3, 4, 4–5, 5–6, 8
congelamento de posições na 92–93
consumidores que passam a optar por grandes varejistas de desconto e 25–26
deterioração do mercado de moda e 21
determinando as fronteiras do mercado

156
Índice remissivo

na análise de custo-benefíco e 116, 119–120

entre segmentos, nos mapas de custo-benefício 132–133

fabricantes japoneses de motocicletas e xii, 3–4, 5, 6, 8

imitação de artigos de moda pela Zara e 23–24

linha de preços previstos e mudança na 132

mudando a posição dos clientes no mercado para conter 37–38

mudando os canais para superar a 28

novas empresas americanas de motocicletas e 5–6, 8

padrões de deterioração e 11, 21, 22, 25–26

planejamento ofensivo contra, usando os mapas de custo-benefício 133–134

Primo, exemplo de escalada e 77, 78, 79, 80–81, 131–132

proliferação de hotéis e 47, 52

proliferação e 43

saindo do mercado para evitar a 29–30

segmento de carros pequenos no mercado automobilístico e 85–86

setor de seguros e 25, 88

vantagem da diferenciação na 8

Concorrência entre segmentos, nos mapas de custo-benefício 132–133

Concorrentes que oferecem descontos, moda

afastando-se da concorrência direta com 28–29

circundando para refrear 34–37

deterioração no mercado de moda e 20, 20–21, 26–34

mudando de posição em resposta à concorrência com 29–31

mudando os clientes no mercado para refrear 37–38

mudando para um mercado mais sofisticado para contornar 31, 33–34

processos judiciais utilizados pelos 37

produtos licenciados e 36

proliferação das lojas de departamentos e 45

redefinindo o preço para combater 31, 33–34

redefinindo o valor para neutralizar a vantagem dos 31–33

solapando, em resposta à deterioração 31–34

Condições econômicas

armadilhas da escalada e 74

consumidores que passam a optar por grandes varejistas de desconto e 25–26

deterioração e 38

estratégias de sobrevivência 39–40

gerenciamento de ameaças da proliferação 70–71

mercado imobiliário e 109–110

Congelando posições, para destruir a armadilha da escalada 84, 91–94

Consumer Reports **85, 94, 117**

Consumidores que passam a optar por grandes varejistas de desconto e 25–26

Controle, mudando os clientes no mercado, para tirar proveito da armadilha da deterioração 37–38

Cooper, Robert 111

Corel 61

Corelle 25

Corning 25

Corningware, marca 25

Cosslett, Andy 55

Costco 34, 45, 57, 58

Courtyard by Marriott 55

Cracker Barrel 62

Creative Technologies 96

Creme dental, produtos 28

Criando massa crítica, para destruir a armadilha da proliferação 59–61

Criando novos segmentos, para tirar proveito da armadilha da proliferação 64–67

Criando uma alcateia (ataque em massa), para destruir a armadilha da proliferação 59

Crowne Plaza 50, 51

Cub, motocicletas 11

Cuidados bucais, produtos de 28

custo-benefíco

exemplos de proliferação de hotéis e 49

Custos

adoçante artificial, exemplo de escalada e 75–76

armadilha da comoditização e mudanças nos 3

armadilhas da escalada e 74

automação e mudanças nos 33

combate à comoditização pela redução dos xi

exemplo de escalada no setor de computadores e 83

Primo, exemplo de escalada e 80, 131–132

proliferação de hotéis e 52

reação à deterioração e 41–42

redefinindo o valor para neutralizar os

concorrentes que oferecem descontos e 31, 32

setores chineses e x, 25, 26, 27, 83

D

Days Inn 47, 48

Decisões de compra

erosão da lealdade do cliente e 9

imagem da Harley-Davidson e 4–5

imagem de marca e 32

interpretando dados sobre 124–125

motociclistas do sexo feminino e 6–7

mudanças no setor de moda e 24–25

mudando a percepção de preço do cliente nas 33

preço e 2, 33, 120

Definindo o objetivo, na análise de custo-benefício 116, 118–119

Dell 21, 41, 83–85, 96

Denny's 62

Design

de carros pequenos, e escalada 85

de hotéis, na proliferação 48

de lojas, para combater os concorrentes que oferecem descontos 31, 36–37

processos judiciais para proteger o uso de 37

redefinindo o valor para neutralizar os concorrentes que oferecem descontos e utilizam 31–32, 34–35

Destruindo a armadilha da deterioração 15, 30–34

estratégias de destruição 15

redefinindo os preços e 33–34

redefinindo o valor e 31–33

158
Índice remissivo

Destruindo a armadilha da escalada 15, 91–96
- congelando posições e 84, 91–94
- elevando o nível 93–95
- estratégias de destruição 15
- revertendo o ímpeto e 91–96

Destruindo a armadilha da proliferação 15, 56, 56–62
- concentrando recursos e 56–58
- criando massa crítica e 59–61
- criando uma alcateia e 59
- detendo ameaças e 62
- dominando as ameaças e 55, 56–62
- estratégias de destruição 15

Desvio padrão, na análise de custo-benefício 123

Determinação do preço com base no valor agregado (*value pricing*), no setor de seguros 87

D&G 22

Diesel 22, 24, 27

Diet Coke, marca 75

Diet Pepsi, marca 75

Diferenciação
- armadilhas da escalada e 83–84, 101
- armadilhas da proliferação e 43, 59
- armadilhas de comoditização da Harley-Davidson e utilização da 7–8
- clubes atacadistas e 57
- comoditização combatida pela xi, 8–9, 14–15
- desenvolvimento de produtos e 111–112
- gomas de mascar, exemplo de 30

Dior 23, 24, 31, 60

Discrepância, na análise de determinação de preço dos restaurantes 105–106, 140

Dolce & Gabbana 23, 24, 32

Dominando as ameaças, para destruir a armadilha da proliferação 56, 56–62

Doublemind, marca 30

E

Economias de escala
- deterioração e 20–21
- proliferação das lojas de departamentos e 45
- Wal-Mart 138

Efeito Dell 2

Efeito Wal-Mart 9, 138

Eisenhardt, Kathleen 90

Elaborando o mapa de custo-benefício 125–129

Elasticidade de preço, nos mapas de custo-benefício 130–131

Element (cadeia de hotéis) 46, 48

Eletrônicos. *Consulte* Eletrônicos de consumo

Eletrônicos de consumo
- Apple e escalada em xii
- produtos sofisticados idealizados por *designers* em 29
- saindo do mercado para evitar a concorrência em 29–30
- Sears e proliferação de lojas e 45

Elevando o nível, para destruir a armadilha da escalada 93–95

Empresas automobilísticas
- *designers* de carros sofisticados e 29
- determinação de preço de carros esporte e 93–95
- proliferação e 68
- reação à deterioração pelas 41–42

segmento de carros pequenos do mercado automobilístico e 85–86, 88

segmento inferior (*low end*) do mercado e 11

Empresas de funilaria 33

Empresas de goma de mascar 30–31, 31

Empresas de helicóptero 29

Empresas de prêt-à-porter

imitação pela Zara de artigos das 22–24, 24, 27, 32

mudanças nas 22, 23

Empresas de serviços de manutenção de automóveis 33

Empresas farmacêuticas 67–68

Empresas japonesas

deterioração e 11

determinação de preço de carros esportivos e 93–94

motocicletas fabricadas pelas xii, 3–4, 5, 6, 8, 11–12

Primo, exemplo de escalada e 81–82

Equação de custo-benefício

deterioração do mercado de moda e 20–21

deterioração e mudanças na 11

determinação de preço de carros esportivos e 94–95

diferenciação e custo baixo na 8

escalada e mudanças na 12

exemplo de escalada pelo setor de computadores e 83

Primo, exemplo de escalada e 82

proliferação e mudanças na 11–12, 43, 56, 68

reação à deterioração e 41–42

Sears e lojas de departamentos e 46–47

utilização da pelos colecionadores 110–111

venda de motocicletas Harley-Davidson 4–5, 6, 7, 8

Equal, marca 75

Equipe de vendas, em período de retração econômica 39–40

Escapando da armadilha da deterioração 15, 26–31

afastando-se da concorrência direta e 27–28

estratégias para escapar 15

mudando de posição e 29–31

mudando para um mercado mais sofisticado e 26–28

Escapando da armadilha da proliferação 15, 56

estratégias para escapar 15

selecionando as ameaças a confrontar e 56

Escapando da armadilha de escalada 15, 84–91

estabelecendo o ritmo e 84, 88–90

estratégias para escapar 15

redimensionando o ímpeto e 84–91

Escolhendo ameaças a confrontar, para escapar da armadilha da proliferação 56

Espaço vazio

gerenciamento de ameaças utilizando 68

ocupando, para utilizar a armadilha da proliferação em seu favor 62–63, 63

Estabelecendo o ritmo, para escapar da armadilha da escalada 84, 88–90

Estilistas

estilistas convidados da H&M 31

hotéis projetados por 49, 64

lojas de roupas de segunda mão de estilistas e 32

marcas difusoras criadas por 22

160
Índice remissivo

mudanças na alta-costura e 19–20, 22

particulares, desfiles de pré-coleção e 32

produtos sofisticados fora do setor de
moda e 29

redefinindo o valor para neutralizar os
concorrentes que oferecem descontos
e 31–32

substituição da importância dos pelas
marcas registradas e marcas-ponte 22

Zara, imitação de artigos de moda
dos 20, 22–24, 24, 24–25, 31–32, 41

"Estilo de Vida Armani" 29

Estratégia de ímpeto, escolhendo 98–101

Estratégias de distribuição

armadilhas da escalada 89

participação de mercado e 38

**Estratégias de posicionamento de
mercado**

cadeias de hotéis e 53

decisões da alta administração nas 112–113

mudanças no benefício principal
e 113–114

restaurantes em hotéis e 104–108

Exclusividade, em artigos de luxo 27

Executivos. *Consulte* **Alta administração**

Exterminadores de categoria (*category
killers*) 45, 46, 52, 57, 58, 59

F

Fabricantes de artigos de plástico 25

Fabricantes de motocicletas 11

Federated Department Stores 45

Ferramentas. *Consulte* **Métodos e
ferramentas**

Ferre, Gianfranco 37

Figura (e tabelas)

acesulfame-K 75

adoçantes artificiais, setor de 75

análise de custo-benefício
exemplo simples de 4
vendas de motocicletas Harley-
Davidson na 4

Apple 97

armadilha da deterioração
destruindo a armadilha 15
escapando da armadilha 15
estratégias para escapar da 15
padrão comum na criação de uma
armadilha da comoditização 13
resumo da 20
utilizando a armadilha em seu favor 15

armadilha da escalada
destruindo a armadilha 15
escapando da armadilha 15
estratégias para reagir à 15
exemplo do *iPod* da Apple na 97
exemplo dos adoçantes artificiais na 75
padrão comum na criação de uma
armadilha da comoditização 13
Primo, exemplo de 79, 81
resumo da 74
utilizando a armadilha em seu favor 15

armadilha da proliferação
destruindo a armadilha 15
escapando da armadilha 15
estratégias para escapar 15
ocupando novo espaço vazio viável e 63
padrão comum na criação de uma
armadilha da comoditização 13
resumo da 44
utilizando a armadilha em seu favor 15

Índice remissivo

armadilhas da comoditização
    estratégias para escapar das 15
Armani 23, 24
aspartame 75
benefício principal
    armadilha da escalada e 75
    encontrando novas posições ao longo da
      linha de preços e 63
    exemplo de análise de custo-benefício
      com 4
    exemplo do iPod da Apple de 97
    linha de preços previstos utilizando 128
    Primo, exemplo de escalada e 79, 80, 81
Benetton 23, 24
BJ's, Clube Atacadista 58
Calvin Klein 23, 24
clubes atacadistas 58
concorrência
    armadilhas de comoditização da Harley-
      Davidson e 4
Crowne Plaza 51
destruindo a armadilha da deterioração
    estratégias de destruição 15
destruindo a armadilha da escalada
    estratégias de destruição 15
destruindo a armadilha da proliferação
    estratégias de destruição 15
diesel 23, 24
Dior 23, 24
Dolce & Gabbana 23, 24
empresas de prêt-à-porter
    imitação pela Zara de artigos das 24
    mudanças nas 23
escapando da armadilha da deterioração
    estratégias para escapar 15
escapando da armadilha da proliferação
    estratégias para escapar 15

escapando da armadilha de escalada
    estratégias para escapar 15
espaço vazio
    ocupando, para utilizar a armadilha da
      proliferação em seu favor 63
estilistas
    Zara, imitação de artigos de moda
      dos 24
exterminadores de categoria (*category
killers*) 58
Hampton Hotels 52
Harley-Davidson
    análise de custo-benefício das vendas da 4
Hilton Garden Inn 52
Hilton Hotels Corporation 52
H&M 23, 24
Holiday Inn 51
Holiday Inn Express 51
Honda 4
Hotel Indigo 51
IHG (InterContinental Hotels Group) 49
imagem de marca
    alta-costura e marcas difusoras e 23, 24
    linha de preços previstos e 4
    marcas-ponte no setor de moda e 23, 24
iPods 97
linha de preços previstos
    exemplo de análise de custo-benefício
      com 4
    preenchendo novos espaços vazios não
      contestados na 63
    Primo, exemplo de escalada e 79, 81
    proliferação no setor hoteleiro e 51
    refletindo a respeito do impacto do
      volume de vendas sobre 128
    vendas de motocicletas Harley-Davidson
      na 4

162
Índice remissivo

linhas de preços previstos
    adoçantes artificiais, exemplo de escalada
      e 75

Maisons de alta-costura
    mudanças nos 23
    Zara, imitação de artigos dos 24

mapas de custo-benefício
    avaliando o impacto do volume de
      vendas sobre os 128
    linha de preços previstos nos 128
    linhas de produtos nos 128

marcas difusoras 23, 24

marcas-ponte (*bridge brands*) 23, 24

mercado de massa
    mudanças no setor de moda e 23, 24

métodos e instrumentos
    avaliando o impacto do volume de
      vendas sobre a linha de preços
      previstos 128

Neotame 75

Neutryno 79

poder de mercado
    impacto da deterioração sobre 20

preço
    exemplo de armadilha de comoditização
      da Harley-Davidson e 4

preço elevado
    análise de custo-benefício da Harley-
      Davidson que apresenta 4

preços elevados
    análise de custo-benefício da Harley-
      Davidson apresentando 4

preenchendo o espaço vazio, para utilizar
    a armadilha da proliferação em seu
    favor 63

Primo
    exemplo de armadilha da escalada
      utilizando 79, 80, 81

Replay 23, 24

restaurantes
    proliferação e 63

sacarina 75

setor de moda
    imitação de produtos pela Zara e
      impacto sobre o 24
    panorama das mudanças no 23

setor hoteleiro
    exemplo de proliferação do Hilton
      Hotels no 52
    exemplo de proliferação do Holiday
      Inn 51

sucralose 75

supermercados 58

Suzuki 4
    utilizando a armadilha da deterioração
      em seu favor
        estratégias para 15
    utilizando a armadilha da escalada em
      seu favor
        estratégias para 15
        exemplo do *iPod* da Apple 97
    utilizando a armadilha da proliferação
      em seu favor
        estratégias para 15
        ocupando espaços vazios e 63

Versace 23, 24

Yamaha 4

Zara
    pressão sobre o mercado de moda
      pela 24

Fiske, Neil 24

Floriculturas 29

Folgers 28

**Fórmula da análise de regressão, análise
de custo-benefício 121**

Fragmentação de mercado, e proliferação de hotéis 47

Fragmentação, e proliferação de hotéis 46, 46–48

Fronteiras do mercado, na análise de custo-benefício 116, 119–120

Fusion, aparelhos de barbear 38

Fusões, e armadilhas da escalada 100

G

Garmin 60

Geico 25, 87

General Electric (GE) 33, 41, 84, 91–93, 99

General Motors (GM) 42, 68

Gerenciamento de ameaças nas armadilhas da proliferação

escolhendo 68–72

proliferação de hotéis e 47, 55

Sears e proliferação de lojas e 45

Gerenciamento de relacionamento com o cliente (CRM) 9

Gerenciamento do tempo, e armadilhas da proliferação 56, 61

Gestão da cadeia de suprimentos (SCM) 9

GF Ferre 37

Gillette 37, 38

Giorgio Aramani. *Consulte também* Armani, globalização

setor de moda e 22, 24

vantagens competitivas e ix, 9

Good News, aparelhos de barbear 38

Government Employee Insurance Company (Geico) 25, 87

Gravy Train, marca 62

Gretzky, Wayne 112

Grupos de discussão 123

Gucci Groupe 32

Gucci, marca 31, 60

H

Hamilton, relógios 60

Hampton Hotels 52, 55

Harley-Davidson

análise de custo-benefício das vendas da 4–5, 5, 7

diferenciação usada pela 8

empresas japonesas como concorrentes da xii, 3–4, 5, 6, 8, 12

ênfase sobre os benefícios secundários dos produtos da 4–5

imagem e *status* icônico da 4–5, 6, 8, 12

liderança administrativa e caminho de volta para a 4–5

mudanças na participação de mercado e 3–4, 6–7

mulheres motociclistas e vendas da 6–7, 7

novas marcas norte-americanas e 5–6, 8

novos produtos e iniciativas da 7

primeira armadilha da comoditização na 3–4

Proliferação xii

segunda armadilha da comoditização na 5–7

um exemplo de armadilha da comoditização 3–7

Harley Owners Group (HOG) 4–5

Harrah's 66–67

Hermès 27

Hewlett-Packard (HP) 83–85

Heyer, Steve 1, 54

164
Índice remissivo

Hills 28

Hilton Garden Inn 52, 55

Hilton Hotels Corporation 51–52, 52, 55–56

H&M 23, 24, 31, 36, 42

Holiday Inn 51, 55, 72

Holiday Inn Express 50, 51

Home Depot 42, 45

Honda 3, 5, 7, 11

Hotéis-butique 50, 72

Hotéis idealizados por estilistas 49, 64

Hotel Indigo 46, 51

Howard Johnson's, hotéis de beira de estrada 47

Hyatt Place 46, 48

I

Iams, marca 28

IBM 41, 83–84

Identificando as barreiras do mercado, na análise de custo-benefício 116, 119–120

IHG (InterContinental Hotels Group) 48, 49, 50–53, 54

IHOP 62

Imagem. *Consulte* Imagem de marca; Marcas com foco no estilo de vida

Imagem de marca

    alta-costura e marcas difusoras e 22, 23, 24, 37

    armadilhas da escalada e 87

    artigos exclusivos e de luxo e 27

    clubes atacadistas e 57

    combatendo marcas, na proliferação 61

    decisões de compra com base na 32

    Harley-Davidson, utilização da 4–5, 6, 7, 12

linha de preços previstos e 4, 137

mapas de custo-benefício sobre posicionamento da 126, 129, 130

marcas com foco no estilo de vida e 4–5, 29, 49, 54, 55, 64

marcas "fantasma", na proliferação 61

marcas franqueadas e 52, 55

marcas-ponte no setor de moda e 23, 24

marcas próprias 2, 19

mudando as regiões geográficas para concorrer com 28

mudando para um mercado mais sofisticado com 27

produtos sofisticados (*high-end*) idealizado por *designers* e 27, 29, 31–32

proliferação no setor hoteleiro e 47, 49, 50, 51, 52, 53, 54, 55, 64, 71, 72

Sears e a proliferação das lojas de departamentos e 45, 46

setor de relógios e 60

setor de seguros e 87

Imitadores

    coleções de moda e Zara e 8, 11, 20, 22–23, 23–24, 29, 32, 37

    comoditização e 1

    dilemas dos gestores e gerentes para reter os 26

    gomas de mascar Wrigley e 30–31, 31

    imagem de marca e 32

    motocicletas Harley-Davidson e 8

    particulares, desfiles de pré-coleção e 32

    softwares Microsoft e 36

Índia 11, 25

Inditex 20

Inovação

    armadilhas da escalada e 91, 99, 100

    óculos de visão noturna e 95

participação de mercado e 37, 38

proliferação e 45

setor de adoçantes artificiais e 74

Intel 29

InterContinental Hotels Group.
Consulte IHG

Interpretação de dados, nos mapas de
custo-benefício 117–118, 125–134

Intuit 36

iPhones 84, 98

iPods xii, 30, 84, 97, 96–99, 111

Itália, setor de sedas 27

ITT Industries 95, 96

J

JDPower 117

Joint ventures, no setor de moda 25

JuicyFruit, marca 30

Just Cavalli, marca 37

K

Kawasaki 5, 6

Kmart 45, 46

Knudsen, William S. 68

Kookaï 37

Krogers 35

L

Lagerfeld, Karl 31

Lamborghini 29

Lançamento de produtos

diferenciação e 112

exemplo de armadilha de comoditização
da Harley-Davidson e 5–6, 8

exemplo de escalada do adoçante artificial
e 76

imitação de roupas da moda pela Zara e
intervalo de tempo no 22–24, 32

proliferação das lojas de departamentos
e 45

proliferação de hotéis e 53

Lands' End 46

Lei de Moore 85, 140

Le Méridien, cadeia 52

Lenovo 41, 83

Levantamento junto aos clientes 123

Lexus 32

Licenciamento 27, 36, 91

Limitação de capacidade, nos mapas de
custo-benefício 131–132, 132

Linha de preços. *Consulte* Linha de
preços esperados

Linha de preços esperados

adoçantes artificiais, exemplo de escalada
e 75

colecionadores e 110–111

compreendendo 129–133

concorrência entre empresas
posicionadas ao longo 92–93

criando massa crítica e 59–60

criando novos segmentos de clientes ao
longo 64

determinação de preço de carros
esportivos e 94

determinação de preço em restaurantes
e 107

diferenciação e 101–102

elasticidade de preço e 130–131

exemplo de análise de custo-benefício
com 4, 137

fatores a serem considerados ao

166
Índice remissivo

examinar o impacto de uma inclinação na 132–133

imagem de marca e 5, 137

iPods da Apple e 96

mercados imobiliários e 108, 109

mudanças econômicas e deslocamentos na 70–71

ordem causal e 131

preenchendo novos espaços vazios não contestados na 62–63, 63

Primo, exemplo de escalada e 78, 79–80, 81, 81–83

proliferação no setor hoteleiro e 48, 50, 51, 52, 53, 56, 71

refletindo a respeito do impacto do volume de vendas sobre 127–128, 128

revertendo o ímpeto nas armadilhas da escalada e 101

separadamente para cada produto ou segmento de clientes 129

traçando 126–128

turbogeradores de energia e 91

vendas de motocicletas Harley-Davidson na 4

visualizando produtos ao longo da linha 128–129

Linhas de produtos, nos mapas de custo-benefício 126

Localização

hotéis 47, 49, 50

lojas de departamentos 45

Lojas

brinquedos 45

departamentos, e Sears 45, 46–47

descontos no setor de moda 20

eletrodomésticos 45

hardware 45–46

materiais de construção e decoração 42, 45

móveis 29, 45

móveis residenciais 59

projeto de, para combater concorrentes que oferecem descontos 31–32, 36–37

quantidade de, para conter os concorrentes 36–37

roupa de segunda mão 32

Loranger, Steve 95

Lotus 36, 61

Louis Vuiton, bolsas 19

Lowe's 45

Luxury Collection, hotéis 52

M

Mach3, aparelhos de barbear 38

Madonna 31

***Maisons* de alta-costura**

lojas de roupas da moda de segunda mão e 32

marcas difusoras criadas pelos 22

mudanças nos 22, 23

particulares, desfiles de pré-coleção e 32

produtos sofisticados fora do setor de moda e 29

Zara, imitação de artigos dos 22–24, 24, 27, 29, 42

Mapas de custo-benefício

avaliando o impacto do volume de vendas sobre os 127–128, 128

comoditização nos 113, 114

compreendendo os 129–133

criando 115

definindo o objetivo dos 116, 118, 135

desenhando 125–129

determinação do benefício principal nos 121, 122–123

determinando as dimensões dos 116–117, 120–125

determinando as fronteiras do mercado para 116, 119–120

disponibilidade de dados sobre benefícios para 122–123

elasticidade de preço e 130–131

estruturando a análise nos 116, 118–120

interpretando os dados nos 117–118, 125–134

limitação de capacidade e 131, 132

linha de preços previstos nos 126–127, 128

linhas de produtos nos 126, 126–129, 128

ordem causal e 131

preços ajustados à inflação nos 120

principal definição de preço nos 120

tirando o máximo proveito dos 134–135

utilização de dados sobre média ponderada com base na empresa nos 126

utilização de dados sobre média ponderada com base na marca nos 126

utilização dos 133–134

visão geral dos 115–118

Mapping Your Competitive Position (D'Aveni) 116, 137

Marcas com foco no estilo de vida

Armani e 29

Harley-Davidson 3, 3–4

hotéis e 48, 53–55, 56, 64

Marcas de combate 62

Marcas difusoras 22, 23, 24, 37

Marcas franqueadas 52, 54

Marcas-ponte (*bridge brands*) 23, 24

Marcas próprias 2, 19

Margens de lucro

exemplo de escalada no setor de computadores e 83

impacto da deterioração sobre 21

Primo, exemplo de escalada e 79, 80

Marketing. *Consulte também* Propaganda

armadilha da proliferação e 45–46

Geico no mercado de seguros de automóveis e 25

Mark, Reuben 28

Marriott 49, 53, 55, 72

Marriott, J. W., Jr. 72

Massa crítica, criando, para destruir a armadilha da proliferação 59–61

Mazda, marca 93

McAfee 36

McCartney, Stella 31

McKinsey 25

McQueen, Alexander 32

Medidas compostas de benefícios 123–124

Mercado

congelando posições no, para destruir a armadilha da escalada 84, 91–94

consumidores que passam a optar por grandes varejistas de desconto e 25–26

elaboração e análise do mapa de custo-benefício do 116

impacto da comoditização sobre 2

ímpeto da armadilha da escalada e 99–100

mudando a posição dos clientes no, para controlar a deterioração 37–38

mudando o posicionamento geográfico no 28

mudando os canais para concorrer no 28

oportunidades encobertas no 108–111

redefinindo o preço no, para neutralizar os concorrentes que oferecem descontos 31–33

redefinindo o segmento-alvo e os benefícios no 30–31

reposicionando os produtos no 37

Mercado de massa

impacto da deterioração sobre o xi

mudanças no setor de moda e 22–23, 23, 24

Mercados imobiliários, análise dos 108–110, 140

Métodos e instrumentos

avaliando o impacto do volume de vendas sobre a linha de preços previstos 127–128, 128

determinação do benefício principal 121, 122–123

elasticidade de preço 130–131

equação de custo-benefício. *Consulte* Equação de custo-benefício

fórmula da análise de regressão 121

grupos focais (*focus groups*) 123

interpretação de dados 117–118, 125–134

levantamentos sobre clientes 123

limitações de capacidade 131, 132

mapas de custo-benefício. *Consulte* Mapas de custo-benefício

medidas compostas de benefícios 123–124

ordem causal 131

padronização estatística 123

principal definição de preço 120

regressão de preços hedônicos 115

Microsoft 36, 60, 62, 100

Microsoft Money 36

Microsoft Office 36

Milhagem para viajantes frequentes 33

Miu Miu 22

Money (aplicativo da Microsoft) 36

Motel 47

Motociclismo, setor de. *Consulte também* **Harley-Davidson**

deterioração e 11

empresas japonesas e xii, 3–4, 5, 6, 8, 11–12

novas marcas norte-americanas introduzidas pelo setor 5–6, 8, 12

patrocínio a clube de motociclistas pelo setor 4–5

proliferação e 11–12

segmento inferior do mercado e 11

Motorcycle Industry Council 6

Motorola 29

Mudando de posição, para escapar da armadilha da deterioração 29–31

Mudando para um segmento sofisticado, para escapar da armadilha da deterioração 26–28

Mulheres, compra de motocicleta pelas 6–7

Música digital 96–99

N

Neotame 75, 76

Netscape 36, 61

Neutryno 77, 79, 81

Newell 25

Nike 60

Nissan, marca 93

Notas

análise de custo-benefício

exemplo simples de 137

mercados imobiliários na 140

benefício principal

exemplo de análise de custo-benefício com 137

mudanças na concorrência e declínio do 140

benefício secundário

mudanças na concorrência e ampliação do 140

preço elevado para 137

discrepância, na análise de determinação de preço dos restaurantes 140

economias de escala

Wal-Mart 138

efeito Wal-Mart 138

imagem de marca

linha de preços esperados e 137

Lei de Moore 140

linha de preços esperados

exemplo de análise de custo-benefício com 137

imagem de marca e 137

Mapping Your Competitive Position (D'Aveni) 137

mercados imobiliários, análise dos 140

participação de mercado

alterações de preço e 137

poder de mercado

imitação de artigos de moda pela Zara e 138

preço

sucesso do Wal-Mart e 138

preço elevado

em relação ao benefício secundário 137

Southwest 138

Zara

poder de mercado da 138

Novos produtos. *Consulte* **Lançamento de produtos**

NTB (cadeia de peças automotivas) 46

NutraSweet, marca 75

NYLO (cadeia de hotéis) 46

O

Objetivo, da análise custo-benefício 116, 118, 135

Óculos de visão noturna 95–96

Oferta de descontos

concorrentes inferiores combatidos com a x

proliferação de hotéis e 50

Office (aplicativo da Microsoft) 36

Ogawa, Susumu 111

Omega, relógios 60

Orbit, marca 30

Ordem causal, e mapas de custo-benefício 131

Ortega, Amancio 42

Otellini, Paul 29

P

Pacotes, estratégia de oferta de produtos 36

Padronização estatística, na análise de custo-benefício 123

Panera Bread 63

Participação de mercado

alterações de preço e 34–35, 137

armadilha da proliferação e 43

Índice remissivo

deterioração da 21

deterioração do mercado de moda
e 20–21

estratégias de distribuição e 38

exemplo de armadilha da comoditização da
Harley-Davidson e perda de 3, 6, 6–7

imitação de artigos de moda pela Zara
e 24–25

impacto da armadilha da comoditização
sobre os preços e perda de 2–3

preço especial/elevado e 7

Primo, exemplo de escalada e 77, 79,
131–132

Pepsi, marca 75

**Personalização, e venda de
motocicletas 6**

Persson, Stefan 42

Pesquisa e desenvolvimento (P&D)

análise de custo-benefício e 85

armadilhas da comoditização e 111

determinação de preço de carros
esportivos e 94

em período de retração econômica 40

Primo, exemplo de escalada e 81

Pet Nutrition 28

P&G 2, 28, 38

Piller, Frank 111

**Planejamento, e armadilhas da
escalada 89**

**Plataforma, e segmento de carros
pequenos do mercado de
automóveis 85, 94**

Poder de mercado

armadilhas da escalada e 101, 101–102

combatendo a comoditização com xi

de empresas de moda pouco
sofisticadas 21

enfraquecendo os concorrentes que
oferecem descontos no mercado 31–
32

estratégias para combater a perda
de 26–27, 40–41, 42

imitação de artigos de moda pela Zara
e 41, 42, 138

impacto da deterioração sobre 20, 20–21

impacto da proliferação sobre xii

mudando para um segmento superior
para contornar 26–28

optando por combater ou fugir das
mudanças no mercado 40–41

redefinindo o preço e 33, 34–35

refreando os concorrentes que oferecem
descontos para restringir o 34–35

saindo do mercado para contornar 29–
30

Polar 60

Polaris Industries 5

Porter, Steve 55

Posicionamento, estratégias de

cadeias de hotéis e 53

decisões da alta administração nas 112–
113

mudanças no benefício principal
e 113–114

restaurantes em hotéis e 104–108

Postos de combustível 85–86, 88

PowerPoint 61

PPR 32

Prada 22–29, 29

Preço

ajustado à inflação, nos mapas de custo-
benefício 120

armadilhas da escalada e xii, 73, 74,
84–85, 87, 91, 96

Índice remissivo

aumentando o poder sobre, para escapar da armadilha da comoditização xi

clubes atacadistas e 45, 57

condições econômicas e 38, 70–71

decisões de compra com base no 2

deterioração do mercado de moda e 20–21

estratégia de oferta de pacotes contra 36

exemplo de armadilha de comoditização da Harley-Davidson e 3, 4, 5, 7

exemplo de escalada dos adoçantes artificiais e 74–75, 76

exemplos de proliferação de hotéis e 47, 48, 53, 54, 71

imitação de artigos de moda pela Zara e 11, 22

impacto da armadilha da comoditização sobre os benefícios e 2–3

impacto da deterioração sobre o 11, 21

iPods da Apple e 96

máximos e mínimos para 132

mudando a percepção do cliente em relação ao 33

participação de mercado e mudanças de 34

Primo, exemplo de escalada e 77–79, 82–83, 131–132

principal definição de, nos mapas de custo-benefício 120

proliferação e xii, 43, 44, 45, 50, 60, 62–63, 70–71

receitas recorrentes e redução de 34

redefinindo o valor para neutralizar os concorrentes que oferecem descontos e 31–33, 35

redefinindo, para destruir a armadilha da deterioração 31–33

reduzindo, para combater os concorrentes que oferecem descontos 37

reposicionamento de restaurantes em hotéis relacionados a 107

segmento de carros pequenos no mercado de automóveis e 85–86

setor de relógios e 60–61

setor de seguros e 87, 88

sucesso do Wal-Mart e 11, 34–35, 138

Preço elevado

análise de custo-benefício da Harley-Davidson que apresenta 4, 5–6

cadeia de hotéis e 53

descontos no setor de moda e 19, 20

determinação de preço de carros esportivos e 94

estratégias de posicionamento da alta administração utilizando 112–113

participação de mercado e 7

por benefícios secundários 137

Primo, exemplo de escalada e 79

restaurantes e 106–107

Preços ajustados à inflação, nos mapas de custo-benefício 120

Preenchendo o espaço vazio, para utilizar a armadilha da proliferação em seu favor 63

Primo

análise de dados de custo-benefício sobre 131–132

exemplo de armadilha da escalada utilizando 77–83, 79, 80, 81, 102

Principal definição de preço, nos mapas de custo-benefício 120

Processos judiciais, na criação de figurinos 37

172
Índice remissivo

Procter & Gamble (P&G) 2, 28, 38

Produção

custos baixos na China na x, 25

setor de sedas na Itália e 27

utilização pela Zara, no setor de
modas 20, 22–23, 29

Produção, *softwares* de 9

Produtos "fantasma" 61

Produtos genéricos 19

Progressive 88

Propaganda. *Consulte também* Marketing

companhia de seguros Geico e 87

redefinindo o valor para neutralizar os
concorrentes que oferecem descontos
e utilizam a 31–32

Sears e a proliferação das lojas de
departamentos e 46

Proposição de valor

armadilha da deterioração de novos
produtos com várias proposições de
valor 11

armadilha da proliferação e 43

comoditização em empresas inferiores
e 11

exemplo de escalada do adoçante artificial
e 74

exemplo de escalada no setor de
computadores e 83

mudando a posição dos clientes no
mercado e 37

redefinindo o valor para neutralizar os
concorrentes que oferecem descontos
e 31–32

roupas de segunda mão para enfraquecer
os concorrentes que oferecem
descontos e 32

Protótipos 61

Purina 28, 62

Q

Quaker 62

Qualidade

classificação de hotéis com base na 48, 49

dos artigos de moda produzidos por
imitadores 19, 22, 24, 31, 42

mudanças na produção de seda na Itália e
nova definição de 27

Quality Inn 48, 52

R

Ramada Inn 47

Ramo de supermercados

clubes atacadistas no 19, 34

expansão do Wal-Mart no 34–35

Recursos

concentrando, para destruir a armadilha
da proliferação 57–59

gerenciamento de ameaças e 61, 68–69,
71

Redefinindo o valor, para destruir a
armadilha da deterioração 31–33

Redefinindo preços, para destruir a
armadilha da deterioração 33–34

Redimensionando o ímpeto, para escapar
da armadilha da escalada 77, 84–91

Refreando as ameaças, para destruir a
armadilha da proliferação 62

Regressão de preços hedônicos 115

Relógios da moda 60

Renaissance, cadeia de hotéis 53

Replay 23, 24

Residence Inn, Marriott 53

Restaurantes

designers sofisticados em 29

hotéis com 53, 104–108

proliferação e 53–54, 63, 65, 66

Revertendo o ímpeto, para destruir a armadilha da escalada 91–96, 101

Rolex 60

Roupas usadas, em lojas de roupas de segunda mão 32

Rubbermaid 25

Ryanair 21

S

Sacarina 74, 75

Sam's Club 45, 57

Samsung 29

Samur-Ion 77

Schrager, Ian 72

Schultz, Howard 28

Science Diet 28

Sears 42, 45–47, 53, 59

Seda, setor de, Itália 27

Segmentos. *Consulte* Segmentos de mercado

Segmentos de mercado

   cassinos de Las Vegas e 64–67

   clubes atacadistas e 57–58

   criando novos segmentos contra a proliferação 62–63, 68–69

   determinação de preços nos mapas de custo-benefício e 121, 129

   empresas farmacêuticas e 67

   estabelecendo as fronteiras do mercado na análise de custo-benefício e 116, 119–120

   proliferação de hotéis e 50, 52, 53–54, 54, 56

   proliferação e seleção de segmentos-alvo 43, 56, 59

   restaurantes e 62

   setor de relógios e 60–61

Seguros contra acidentes, setor de 86–88

Seguros, setor de 25, 85–87

Seiko 60

Seis Sigma 9

Sensor, aparelhos de barbear 38

Setor aéreo 21, 28, 33

Setor de automóveis

   designer de carros sofisticados e 29

   determinação de preço para carros esportivos e 93–95

   proliferação no 68

   reação à deterioração pelo 41–42

   segmento de carros pequenos do 85–86, 88

   segmento inferior (*low end*) do mercado e 11

Setor de confecções. *Consulte* Setor de moda

Setor de moda. *Consulte também* Concorrentes que oferecem descontos, moda; *Maisons* de alta costura; *Maisons* de *prêt-a-porter*

   imitação de produtos pela Zara e impacto sobre o xi, 2, 20, 24, 22–25

   licenças, no 27, 36

   lojas de roupa de segunda mão e 32

   panorama das mudanças no 22–23, 23

   saindo do, para evitar a Zara 29

Setor de relógios 60–61

Setor de seguros patrimoniais 86–88

Setor hoteleiro 46–59

   aquisição de cadeias de hotéis existentes e 50–51

   cassinos em Las Vegas e proliferação no 64–67

   condições econômicas e expansão no 71

   criando um portfólo completo de hotéis 50–52

174
Índice remissivo

exemplo de proliferação do Hilton Hotels no 51–52, 52, 55–56

exemplo de proliferação do Holiday Inn 46–48, 51, 72

fragmentação de mercado e 46

gerenciamento de ameaças no 47

marcas com foco no estilo de vida e 48, 53–55, 55, 64

projeto de hotéis 29

proliferação de hotéis-butique e 72

reposicionamento de restaurantes no 104–108

sistema de classificação no 47, 48, 50–51

Sheraton 52, 55

Siemens 92–93

Silverstein, Michael 24–25

Sinais de armadilha

armadilha da deterioração 21–22

armadilha da escalada 73–74

armadilha da proliferação 44–45

Sistema de classificação, para hotéis 46, 48, 49

Sistema de classificação por estrelas, para hotéis 46, 48

Software **de segurança 36**

Sony 96

Southwest 21, 22–23, 28, 138

Splenda 76

SpringHill Suites 53

Starbucks 28, 53

Starwood Hotels & Resorts Worldwide 1, 47, 48, 52, 54–55, 55

Sucralose 60, 75, 76

Supermercados 57–58, 58

Suplantando as ameaças, para utilizar a armadilha da proliferação em seu favor 56, 62–68

Suzuki 3, 5, 6

Swatch Group 60–61

Sweet'N Low, marca 74

Symantec 36

T

Target 34

Tata Group 25

Taxas de afiliação, nos clubes atacadistas 34, 57

Taxas de uso 34

Technology Metabolism Index 30

Técnicas. *Consulte* **Métodos e ferramentas**

Tecnologia

armadilha da escalada e 82–83, 101–102

concorrentes inferiores no setor de moda e 26, 27

linha de preços previstos e mudança na 132

óculos de visão noturna e 95–96

turbogeradores de energia e 91–92

vantagem competitiva e ix, 9

Tecnologia de impressão 84–85

Telefones celulares 29, 34

Tendenciosidade, nos dados utilizados na análise de custo-benefício 117, 121, 123

Terceirização 9

Terceirização no exterior (*offshoring***) 9, 24–25**

Tiered pricing **(preços diferenciados em função da renda do cliente), no setor de seguros 88**

Tissot, relógios 60

T. J. Maxx 19, 35

TokyoTech 77

Topshop 37

Toyota 32, 42, 68

Toys "R" Us 45

Trading Up (Silverstein e Fiske) 24–25

True Value 45

Turbogeradores de energia 91–94

Twinsweet, marca 76

U

Unilever 2

Utilizando a armadilha da deterioração em seu favor 15, 34–38

circundando para refrear 34–37

controlando, mudando os clientes no mercado e 37–38

estratégias para 15

Utilizando a armadilha da escalada em seu favor 15, 95–99

aproveitando o ímpeto e 95–99

estratégias para 15

exemplo do *iPod* da Apple 97, 96–99

Utilizando a armadilha da proliferação em seu favor 15, 56, 62–68

criando novos segmentos e 64–68

estratégias para 15

ocupando espaços vazios e 62–63, 63

superando ameaças e 55, 62–68

V

Valor máximo, e armadilhas da escalada 98–99

Valor, redefinindo para destruir a armadilha da deterioração 31–33

Vantagens competitivas

armadilha da comoditização e erosão das 2

globalização e ruptura tecnológica e ix

hipercompetição e novo paradigma de ix

Varejistas de Internet 45

Varejo. *Consulte também* Empresas e setores específicos

consumidores que passam a optar por grandes varejistas de desconto e 25–26

padrão de deterioração no 21

Versace 22, 23, 24, 29

Versus 22

Vestuário, setor. *Consulte* Moda, setor de

Veteran's Administration 36

Victoria's Secret 61

Victory, motocicletas 5–6, 12

Videofones 100

Viv *chip*, em eletrônicos de consumo 29

W

Wal-Mart

armadilhas da proliferação 57

padrão de deterioração e 21, 34–35

preço e 11, 34–35

Rubbermaid, vendida pela 25

Sears e 45, 46

setor de moda e 20–21, 25, 35

W (cadeia de hotéis) 47

Westin 52, 55

Westinghouse 91

Wilson, Kemmons 47

Winning at New Products (Cooper) 111–112

WordPerfect 61

Wrigley 30–31, 31

176
Índice remissivo

Y

Yamaha 3, 5
YSL 32

Z

Zara
crescimento e expansão da 24–25
deterioração nas empresas de moda e xi,
2, 20, 29, 41, 42
intervalo de tempo no desenvolvimento
de produtos pela 23–24, 31–32
mudando para um segundo mais
sofisticado para evitar 26–28
poder de mercado da 24–25, 41, 42, 138
pressão sobre o mercado de moda
pela 24
produtos licenciados e 36
projeto de loja e produtos para
combater 36–37
redefinindo o valor para neutralizar 32
redução de preço para conter 37
saindo do setor de moda para evitar 29
**Zaraficação, como exemplo de armadilha
da comoditização** 2, 11, 20

SOBRE O AUTOR

Richard A. D'Aveni, professor de gerenciamento estratégico da Tuck School of Business, da Faculdade de Darmouth, tirou o doutorado pela Universidade de Colúmbia e o bacharelado pela Universidade de Cornell. É também advogado e contador inativo. Em 2007 e 2009, D'Aveni foi citado na Thinkers 50, lista dos 50 maiores pensadores de gestão do mundo publicada pelo *The Times* londrino, *CNN.com* e *Times of India*. Além disso, foi citado como o teórico estratégico mais influente do mundo pela Corporate Executive Board. D'Aveni recebeu vários outros prêmios por seu trabalho, como o prestigioso A.T. Kearney Award, e foi nomeado membro do Fórum Econômico Mundial em Davos, Suíça. Já escreveu quatro livros antes de *Superando as Armadilhas da Comoditização*, como o campeão de vendas internacional *Hipercompetição*, termo cunhado por ele, e tem artigos publicados na *Harvard Business Review, MIT/Sloan Management Review, Financial Times* e *The Wall Street Journal*, bem como em diversos periódicos acadêmicos famosos. D'Aveni foi também avaliador de ideias e opiniões e conselheiro particular de vários diretores executivos de empresas listadas na *Fortune* 500, de dois presidentes de países do G7 e de inúmeros diretores executivos na Europa e nos EUA. Trabalhou com várias famílias afluentes listadas na *Forbes* 100, da Índia, da Indonésia, da Itália, da Coreia, do México, da Rússia, da Turquia e dos Estados Unidos. Um de seus principais interesses é **ajudar as pessoas** a iniciar programas de MBA ou programas executivos em língua inglesa no exterior, em locais como Índia, Israel, México, Japão e Vietnã. D'Aveni tem duas residências, uma nas montanhas de New Hampshire, e outra em um palácio da década de 1830 restaurado, no centro histórico de São Petersburgo, na Rússia, apenas a dois quarteirões de distância do museu Hermitage.

www.dvseditora.com.br